Chansons Populaires

Du Pays de France

AVEC NOTICES ET ACCOMPAGNEMENTS DE PIANO

PAR

J.-B. WECKERLIN

TOME SECOND

Les 2 volumes : Prix net, 14 francs

PARIS

AU MÉNESTREL, 2 bis, rue Vivienne

HEUGEL & Cie

ÉDITEURS-PROPRIÉTAIRES POUR TOUS PAYS

1903

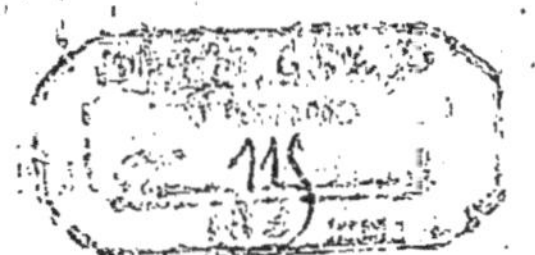

Chansons Populaires

DU PAYS DE FRANCE

Chansons Populaires

Du Pays de France

AVEC NOTICES ET ACCOMPAGNEMENTS DE PIANO

PAR

J.-B. WECKERLIN

TOME SECOND

Les 2 volumes : Prix net, 14 francs

PARIS

AU MÉNESTREL, 2 bis, rue Vivienne

HEUGEL & Cie

ÉDITEURS PROPRIÉTAIRES POUR TOUS PAYS
Tous droits de reproduction réservés en tous pays, y compris le Danemark, la Suède et la Norwège.

1903

CHAPITRE CINQUIÈME

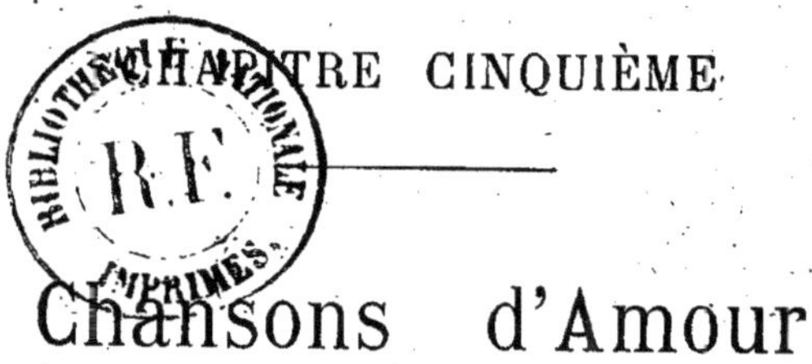

Chansons d'Amour

Chansons d'Amour

Nous n'avons pas de chansons d'amour de nos premiers parents ; l'encre alors
était d'autant plus rare qu'elle n'était pas encore inventée, pas plus que le papier.
Il est vrai qu'Adam aurait pu tracer pour Ève quelque galant madrigal, écrit sur
une pierre plate avec du charbon, mais le temps l'aurait effacé depuis les milliers
de siècles écoulés depuis, et, chose plus grave, Adam ne savait pas écrire, faute
d'avoir été à l'école. Ève, de son côté, ne savait pas lire, par la même raison.

Dès l'existence des premières sociétés humaines, l'amour a eu ses panégyristes enthousiastes, et si les Hébreux ont été assez sobres en fait de chansons
d'amour, les Grecs et les Romains se sont bien rattrapés en cela. Leurs temples
à Vénus le témoignent suffisamment, et leurs poètes ont écrit sur l'amour des
chefs-d'œuvre qu'on admire encore, qu'on admirera dans les siècles futurs.
C'est un poète latin inconnu qui a tracé le célèbre :

Cras amet, qui nunquam amavit, quique amavit cras amet,

qu'on n'est pas encore parvenu à traduire en français poétique, malgré les nombreux essais qu'on a tentés (1). M. de Cayrol reproduit quinze versions, sans
compter la sienne, qu'il trouve naturellement la meilleure.

La chanson d'amour est aussi ancienne que le monde. Quant à l'amour, il a
été très poétiquement défini en simple prose par Pierre Leroux : « C'est
l'amour qui, embrassant l'univers dans une éternelle étreinte, le fait vivre, beau
et palpitant, et l'emplit de germes qu'il fait éclore. C'est lui qui pare la terre
comme l'une des épouses de Dieu, qui la berce la nuit sous un dais semé
d'étoiles ; qui, pour l'éveiller chaque matin, envoie un rayon doré se jouer sur
sa paupière, et, s'élançant du soleil en flots ardents et lumineux, se couche sur
son sein, où il reste jusqu'au soir. Toute beauté vient de lui et le reflète. C'est
lui, c'est Dieu, c'est l'*amour* qui donne aux saules, comme aux jeunes filles,
comme aux comètes, leur longue chevelure traînante. »

« Il reluit dans l'insecte nuancé d'or, d'azur et de vert, aussi bien que dans les
yeux de l'homme et dans les étoiles. L'amour c'est la relation, l'harmonie de tous
les êtres, en même temps que dans l'infini il relie les mondes par un mutuel
attrait ; c'est de Dieu qu'il sort, c'est à lui qu'il remonte. »

(1) Voyez la *Veillée de Vénus*, par M. DE CAYROL, s. d., Abbeville.

De grandes fêtes marquaient l'ouverture du printemps chez les Romains, où Vénus, considérée comme le symbole de la nature créatrice, recevait alors des hommages universels : les nuits des premiers jours de cette saison lui étaient consacrées, parce que la nuit est le temps pendant lequel toute la nature reçoit le germe de la fécondité (1). Les vierges y exécutaient des chœurs, et après la cérémonie religieuse on servait un banquet, à la suite duquel les jeunes gens se livraient au plaisir de la danse.

Les chansons d'amour des cinq ou six premiers siècles de la chrétienté donnèrent bien des soucis aux prêtres qui moralisaient le peuple : de nombreux conciles condamnèrent ces sortes de chansons, qui n'étaient pas de simples chansons d'amour, mais des chansons obscènes, et, chose curieuse, ce furent les femmes qui s'entêtaient le plus à chanter ces insalubrités.

L'amour poétique n'était alors guère dans les mœurs des Gaulois, c'est l'amour matériel des païens qui trônait souverainement. L'amour pur et poétique n'eut ses panégyristes que lorsque vinrent les trouvères et les troubadours, qui chantèrent, exaltèrent la beauté de la femme : ce n'est qu'alors que les chansons d'amour méritèrent le nom de poésie, l'inspiration y ayant sa part.

Jusque vers le xᵉ siècle, même au delà, les chansons étaient en latin ; mais à la formation de la langue nouvelle, une chrysalide du roman, la langue vulgaire s'élaborait lentement : il se passa plus d'un siècle, avant qu'on pût trouver une chanson en langue française. Les jongleurs, durant cette ère de formation, chantaient en latin devant les princes, les châtelains, les grands seigneurs, et en langue vulgaire devant le peuple.

Les lettres de la tendre Héloïse prouvent que les chansons amoureuses (en latin) composées par Abailard furent très répandues, très goûtées. On peut observer toutefois que ces poésies devaient être trop savantes pour être chantées par le peuple, et que ces chansons, même celles en langue vulgaire, traînaient avec elles des lambeaux de latin ; cela ne pouvait être autrement ; Charles Nisard cite une de ces productions (2).

La chanson populaire invoque ou évoque souvent le chant des oiseaux, et de préférence celui du rossignol ou de la tourterelle, pour prêcher l'amour ; l'hirondelle s'y mêle quelquefois, et après elle la fauvette. Jamais le moineau ne fait partie de la troupe des oiseaux amoureux ; ce vert-galant court après les amours gaies, faciles, passagères ; il ne rêve pas, il n'a aucune mélancolie au cœur, c'est le vrai Don Juan des oiseaux. Et pourtant, quoique la chanson populaire n'ait pas voulu l'accueillir dans ses trésors poétiques, le moineau n'en était pas moins consacré à Vénus, dont le char était quelquefois attelé de moineaux.

La Bretagne mêle la religion à tout, même aux *chansons d'amour ;* saint Nicolas est le patron des enfants et des *amoureux,* comme nous le dit M. de la Villemarqué : « Au bienheureux saint Nicolas les amoureux font mille neuvaines pour qu'il les exauce ; ils lui enfoncent aussi, par dévotion, des épingles sans nombre dans les pieds, et ils ont l'habitude d'en remplir sa fontaine. Le bon saint n'accepterait

(1) Préface de Catulle, édition de 1743.
(2) *Des Chansons populaires.* etc., vol. I, p. 20.

d'eux aucun présent plus considérable; car il sait, disent de vieilles rimes bretonnes, que leur bourse est aussi vide d'argent que leur cœur plein d'amour. D'ailleurs, leur épingle a bien quelque valeur : « sans elle, comme le remarque naïvement un poète populaire, le jeune homme ne peut souvent fumer sa pipe, le seul bien qu'il ait en ce monde ; et quant à la jeune fille, l'épingle qu'elle offre ferme sa collerette. »

La Bretagne n'est pas seule à mêler le sacré au profane ; il est des noëls et des cantiques où le malin dieu d'amour a trouvé moyen de se glisser. Voici la *lytanie des amoureux*, reproduite par Ch. Nisard dans son *Histoire des Livres populaires*.

C'est une jeune fille qui chante :

> Kyrie, je voudrais,
> Christe, être mariée,
> Kyrie, je prie tous les saints,
> Christe, que ce soit dès demain.
> Sainte Marie, tout le monde se marie,
> Saint Joseph, que vous ai-je fait ?
> Saint Nicolas, ne m'oubliez pas,
> Saint Frédéric, que j'aie un bon mari,
> Saint Barthélemy, qu'il soit joli,
> Saint Mathieu, qu'il craigne Dieu,
> Saint Jean, qu'il m'aime tendrement,
> Saint Bruno, qu'il soit beau,
> Saint Brice, qu'il aime à rire,
> Saint Michel, qu'il me soit fidèle,
> Saint André, qu'il soit à mon gré,
> Saint Didier, qu'il aime à travailler,
> Saint Honoré, qu'il n'aime pas jouer,
> Saint Séverin, qu'il n'aime pas le vin,
> Saint Clément, qu'il soit diligent,
> Saint Nicaise, que je sois à mon aise,
> Sainte Rose, qu'il me donne carrosse,
> Saint Boniface, que mon mariage se fasse,
> Saint Augustin, dès demain.

Le christianisme a eu beaucoup de peine à déraciner les fêtes de Vénus ; il n'y est arrivé qu'en leur substituant les fêtes de la saint Jean, où l'on célèbre l'arrivée du printemps.

Les chansons d'amour, tout en traitant le même sujet, ont cependant un certain goût de terroir, en comparant une province à une autre. En Auvergne c'est une bourrée :

> **Tu** ne l'auras pas,
> Ne l'auras pas,
> **La** jeune fille ;
> **Tu** ne l'auras pas,
> Ne l'auras pas,
> **L'est** aux lilas;

Dans l'Anjou :

> Que les étoiles sont brillantes !
> Que la lune riait clairement !
> Mais les beaux yeux de ma maîtresse
> Ils le sont bien cent fois autant.

Dans le Berry :

> Au bout du bras il m'a tendu la main,
> En me parlant des amours les plus tendres ;
> Je l'aimais tant, j'ai bien su m'en défendre,
> Ah ! j'ai bien su élonger mon chemin,
> Tel beau plaisir que j'avais à l'entendre.

Tout cela sont des traductions, bien entendu ; mais on voit une fois de plus que la chanson du peuple puise ses images poétiques dans la nature : ce sont les oiseaux, les fleurs, le soleil, la lune, les étoiles, les prairies, les montagnes, les ruisseaux, etc. Elle est étrangère aux figures empruntées à la psychologie, au contraire des poètes instruits, savants, qui, dans leurs chansons d'amour, scrutent le cœur humain jusque dans ses replis les plus intimes, qui nous dépeignent toutes les phases de l'amour, depuis sa naissance jusqu'aux dernières limites de la passion. C'est même là une des pierres de touche de la chanson populaire : elle n'analyse les sentiments du cœur que pour les comparer à des images prises dans la nature, comme je l'ai déjà dit, et trouve souvent pour cela des expressions très originales.

Les chansons d'amour sont parfois réalistes, très réalistes : ceux ou celles qui les chantent n'ont pas l'air de s'en douter. J'ai assisté un jour à un vrai banquet de fermier riche. Au dessert on a chanté, et la fillette du fermier (seize ans et demi) commença ainsi :

> J'ai fait l'amour,
> Je veux encor la faire,
> Il y a bien du plaisir
> Et de l'agrément.

Cela finissait par :

> Quand on tient la perdrix,
> Il faut la plumer.

Toute l'assistance, y compris père et mère, trouva cela charmant ; il est vrai de dire que la grosse fillette avait l'air de ne rien comprendre à ce qu'elle disait.

Les chansons à danser pourraient faire suite à ce chapitre, car ce sont principalement des chansons d'amour. Malgré cela on les laissera à la suite des *rondes d'enfants*, dont elles sont en réalité le développement.

Les enfants jusqu'à douze ans ne font pas grande attention à ce qu'ils chantent, ils ne le comprennent même qu'à moitié ; à quinze ans les fillettes savent très bien ce qu'elles chantent. Leur esprit a grandi en même temps que leur taille, et la *chanson à danser* écoute avec pitié la *chanson enfantine*, en lui faisant la moue.

Dans tous les pays de l'univers l'amour trouve des poètes qu'il fait chanter, des bons et des médiocres, depuis les rois jusqu'aux pâtres ignorants des vallées et des montagnes, et si, parmi ces chansons, on voulait ranger avec les chansons d'amour toutes celles où il en est question, les classifications deviendraient impossibles, ou plutôt elles seraient toutes absorbées par une seule, celle de l'amour précisément.

Il est donc bien affirmé que tous les peuples chantent, depuis les sauvages les plus sauvages (s'il en existe encore) jusqu'au peuple le plus civilisé, mettons la France ; eh bien, les trois quarts de ces chansons ne sont que des chansons d'amour.

Le collégien, ses études terminées, écrira d'abord une chanson d'amour, s'il est à Paris, avant d'écrire à ses parents, qui l'attendent impatiemment à Périgueux, à Mont-de-Marsan ou à Carcassonne. Ainsi est fait le monde, et ce sera de même dans dix mille ans, c'est-à-dire en 11900 ! une belle date !

Il y aura alors un bibliothécaire du Conservatoire qui refera mon travail, qui dira que je n'ai avancé que des bêtises, et qui à son tour en avancera dix fois autant.

Robin m'aime

Rondel d'Adam de la Halle

Dès 1814, Roquefort avait fait remarquer (1) que le *Jeu de Robin et de Marion* était le plus ancien de nos opéras comiques. En 1822, Monmerqué publia cette pièce, ainsi que le *Jeu Adam*, avec un glossaire. Le tirage en ayant été fait à 25 exemplaires, cette brochure est restée à peu près inconnue.

MM. Monmerqué et Francisque Michel, dans leur *Théâtre français au moyen âge* (1839), ont remis au jour le *Jeu de Robin et de Marion*, avec la traduction du texte en regard ; cette pièce, datant de 1275 environ, n'est pas d'une lecture courante pour tout le monde ; ce n'était donc pas un luxe inutile.

Dans la *Revue de la Musique ancienne et moderne* (1856), Théodore Nisard publia une notice fort substantielle et des plus intéressantes sur *le plus ancien de nos opéras comiques*. C'est dans cette notice qu'on pourra voir la chanson de *Robin m'aime*, harmonisée à trois parties par l'auteur lui-même, pièce curieuse tirée du manuscrit de Montpellier.

En 1872, E. de Coussemaker donna son édition des *OEuvres complètes d'Adam de la Halle*, en reproduisant tout ce qu'on connaît des compositions musicales du trouvère d'Arras. Le *Jeu de Robin et de Marion* (2) est là pour la première fois au grand complet, et c'est à ce livre que j'emprunte la gracieuse et curieuse cantilène de *Robin m'aime*, qu'on chantait, toujours avec succès, dans les *concerts de musique classique* du prince de la Moskowa. M. de Coussemaker, en parlant du *Jeu de Robin*, dit : « Cette pièce sort tout à fait du genre théâtral en usage à cette époque (où l'on ne connaissait encore que le drame liturgique). Elle est un nouveau témoignage de la souplesse du génie d'Adam de la Halle. Il semble être le premier qui ait tenté d'entremêler, dans une pièce théâtrale, la musique avec la poésie par des couplets et des dialogues ayant pour but de concourir à l'action. »

La chanson de *Robin m'aime* a une tournure si mélodique, si gracieuse, si étonnante, qu'en se reportant à l'époque où elle a pris naissance, on se demande si ce n'est pas là quelque cantilène tirée du grand répertoire oral populaire. Théodore Nisard dit qu'il a entendu cette mélodie, avec ses paroles, chantée dans des villages du Nord.

Tout en trouvant Adam de la Halle doué d'une inspiration mélodique bien plus prononcée que ses contemporains, il faut convenir que ses essais harmoniques sont horribles, et déchirent nos oreilles du xxe siècle : qu'on lise dans Coussemaker les chansons à trois voix, les chansons, les motets, et l'on sera édifié là-dessus.

On pense généralement que le *Jeu de Robin et de Marion* a été composé pour la cour de Naples, toute française alors, et que cette pièce a été exécutée entre 1275 et 1280. Est-il possible d'admettre qu'à cette occasion on ait chanté (ce qui doit être chanté) sans le moindre accompagnement ? C'est difficile à croire, car on avait déjà bien des instruments de musique à cette époque, et sans les employer tous (l'idée d'un orchestre n'existait pas encore), on connaissait alors la vielle, même la viole, le cistre, le psaltérion, le tympanon, la cythare, la harpe, le tambourin (*tabour*), sans parler des instruments à embouchure, qui n'étaient d'ailleurs pas nécessaires pour cette pastorale.

(1) *De l'état de la poésie française dans les* xiie *et* xiiie *siècles*, p. 261.

(2) J'ai publié en 1888 chez Durand et Schœnewerk la musique du *Jeu de Robin et de Marion* avec un accompagnement de piano ; les mélodies sont d'après la notation de M. de Coussemaker. Ce travail fut fait pour une des soirées de la *Société des Compositeurs de musique*.

Andantino
CHANT
PIANO
Ro _ bin ___ m'ai _ me, Ro _ bin m'a, ___
poco cresc.
Ro _ bin m'a ___ _ de _ man _ dé _ e, si m'a _ ra,
Ro _ bin ___ m'a _ ca _ ta co _ tè _ le, D'é _ car _
_ la _ te bonne et bel _ le, Sous _ kra _ nic et

NOTES : *Si m'ara*, signifie : Aussi il m'aura.
Robin m'acata cotèle : m'acheta cotillon.
Souskranie, sens inconnu.
Chainturelle, ceinture.
A leur iva onomatopée.

Reine des Fleurs

Voici une curiosité que j'ai copiée dans un splendide volume sur vélin, écrit pour le connétable de Bourbon en 1510. C'est la Bibliothèque nationale qui possède ce beau livre, richement orné de bordures en miniatures d'or et couleurs : on l'appelle généralement le *Manuscrit de Bayeux*.

Quoique à cette époque on ne connaissait en musique que les tonalités du plain-chant, on trouve dans ce volume les tons majeurs parfaitement caractérisés; même le sentiment de la septième (alors inconnue) s'y devine sans peine, quoiqu'elle arrive toujours comme une note de passage. La *sensible* ne paraît jamais dans les tons mineurs, qui finissent invariablement avec la seconde au-dessus de la tonique. La chanson de *Robin m'aime* est du xiiie siècle ; celle-ci est vraisemblablement de la fin du xve siècle ; je les donne toutes deux avec un accompagnement d'hier, mais les puristes seront toujours libres de les chanter sans accompagnement, et alors il n'y aura plus d'anachronisme !

Il est réellement bien regrettable que le *Manuscrit de Bayeux* ne nous donne pas le nom des auteurs de ses chansons. En ce temps-là une chanson était si peu de chose, qu'on n'y joignait que bien rarement le nom du poète et celui du musicien. D'ailleurs, ces derniers n'étaient que rarement familiers avec l'écriture, et leurs chansons se transmettaient oralement. On a parlé assez souvent de cette chanson *Reine des fleurs*; A. Gasté la mentionne dans son *Etude sur Olivier Basselin*, 1866, avec une forte envie de l'attribuer à Basselin, ce qui d'ailleurs est assez probable. Quelques mots sont francisés dans la première strophe (il y en a cinq). Voici cette strophe telle qu'on la lit dans le manuscrit :

> Royne des flours, royne des flours,
> La plus belle du vau de Vire,
> Quant ne vous voy
> Mon cœur vit en esmoy.
> S'il vous plaisoit vous tenir empres moy,
> Vous osteries,
> Vous osteries
> Mon cœur hors de martire.

And.no non troppo lento
CHANT
PIANO
Rei_ _ _ne des fleurs, _
Rei_ _ne des _ fleurs, La plus bel_
le du vau de Vi _re, _ Quand ne vous vois _
mon cœur _ vit en é_ _moi!
p

S'il vous plai _ sait _ vous te _ _ nir
em _ près moi, _ Vous o _ te _ riez _
_ Vous _ o _ te _ riez mon
cœur hors de mar _ _ ti _ _ _ _ _ re!

Gaudinette

———

Voici bien certainement une des plus anciennes chansons populaires profanes appuyées sur une date authentique, ce qui est rarement le cas pour les chansons antérieures au XVIIe siècle. J'ai déjà observé ailleurs (1) que les scribes des monastères ne reproduisaient guère les chansons du peuple, et comme d'un autre côté les poésies des troubadours ne sont pas des chants populaires, tout contribue à rendre ces pièces très rares.

Gaudinette était nécessairement connue, répandue bien avant que Chardavoine la mît au jour dans ses *Voix-de-ville* en 1576 : quel âge avait-elle alors ? Personne ne le sait (2). *Gaudinette* est réimprimée dans le *Trésor des Chansons amoureuses*, Rouen 1606. Les lecteurs et surtout les chanteurs n'auront pas de peine à s'apercevoir que le refrain : *Gaudinette, je vous aime tant*, est, note pour note, la première partie de *Au clair de la lune*, ce qui détruit la légende assez répandue que cet air était de Lulli, venu cent ans plus tard.

La Belgique a joui pendant fort longtemps d'une grande réputation pour les contrefaçons : la chanson de *Gaudinette* y a eu son tour ; on peut la voir, travestie d'un bout à l'autre, dans le *Recueil d'airs de Cramignons*, publié en 1889 par MM. Terry et Chaumont, Liège. Je vais en donner l'air et les paroles, pour faire voir une fois de plus combien d'altérations la tradition orale introduit dans les chansons :

(1) *L'Ancienne Chanson populaire en France*, 1887 (préface).
(2) On peut lire, sur la publication des *Voix-de-ville* par Chardavoine, une intéressante brochure de M. DENAIS : *Un Musicien du XVIe siècle*, 1889.

Il m'avait fait faire un cotillon blanc,   (*bis*)
               L'Allemand !
Trop long par derrièr', trop court par devant,
               L'Allemand !
               L'Allemande !
           Ah ! je suis, l'Allemande
           Fille d'un Allemand.

Trop long par derrièr', trop court par devant,   (*bis*)
               L'Allemand !
Je le fis ronger derrièr' comm' devant,
               L'Allemand ! etc.

Je le fis ronger derrièr' comm'devant,   (*bis*)
               L'Allemand !
Avec les rongeur's je fis faire des gants,
               L'Allemand ! etc.

Avec les rongeur's je fis faire des gants,   (*bis*)
               L'Allemand !
Et j'en fis présent à mon cher amant,
               L'Allemand ! etc.

Et j'en fis présent à mon cher amant,   (*bis*)
               L'Allemand !
Tenez, mon amant, v'là n' bell' pair' de gants,
               L'Allemand ! etc.

Tenez, mon amant, v'là n' bell' pair' de gants,   (*bis*)
               L'Allemand !
Vous les mettrez trois fois sur un an,
               L'Allemand ! etc.

Vous les mettrez trois fois sur un an,   (*bis*)
               L'Allemand !
Un' fois à l' Pent'côte, l'autre à la Saint-Jean,
               L'Allemand ! etc.

Un' fois à l' Pent'côte, l'autre à la Saint-Jean,
               L'Allemand !
Et l' jour de mes noc's principalement,
               L'Allemand !
           Ah ! je suis, l'Allemande
           Fille d'un Allemand.

L'idée seule de la chanson est restée ; la forme, le rythme musical s'y font encore apercevoir, quoique l'air soit complètement changé... à son désavantage.

Con. moto
p
CHANT
PIANO
mf
p
Mou père et ma mè _ re N'ont que moi d'en_
_fant: Gau _ di _ net _ te. Je vous ai _ me tant!
mf
p
Et y m'ont fait fai _ re Un co _ til _ lon blanc:
p
Gau _ di _ net _ te, Je vous ai _ me tant!
p

2

J'étais trop petite,
Il était trop grand :
Gaudinette, je vous aime tant.
J'en ai fait rognure
Trois pieds par devant :
Gaudinette, je vous aime tant !

3

J'en ai fait rognure
Trois pieds par devant :
Gaudinette, je vous aime tant :
Autant par derrière,
Encore est trop grand :
Gaudinette, etc.

4

Autant par derrière,
Encore est trop grand :
Gaudinette, etc.
Et de la rognure
J'en ai fait des gants :
Gaudinette, etc.

5

Et de la rognure
J'en ai fait des gants :
Gaudinette, etc.
C'est pour le mien ami,
Lui que j'aime tant :
Gaudinette, etc.

6

C'est pour le mien ami,
Lui qui j'aime tant :
Gaudinette, etc.
M'empoigne et m'embrasse,
M'a fait un enfant :
Gaudinette, etc.

7

M'empoigne et m'embrasse,
M'a fait un enfant,
Gaudinette, etc.
Aussi m'a guérie
Du grand mal des dents :
Gaudinette, etc.

8

Aussi m'a guérie
Du grand mal des dents,
Gaudinette, etc.
Et le sut mon père,
Qui me battit tant,
Gaudinette, etc.

9

Et le sut mon père,
Qui me battit tant,
Gaudinette, etc.
Tout beau, tout beau, père,
Frappez doucement :
Gaudinette, etc.

10

Tout beau, tout beau, père,
Frappez doucement,
Gaudinette, etc.
Si la mère fît faute,
Qu'en peut mais l'enfant ?
Gaudinette, etc.

11

Si la mère fît faute
Qu'en peut mais l'enfant ?
Gaudinette, etc.
Ce n'est rien du vôtre,
Ni de votre argent :
Gaudinette, etc.

12

Ce n'est rien du vôtre,
Ni de votre argent,
Gaudinette, etc.
Mais c'est du mien ami,
Qu'au vert bois m'attend :
Gaudinette, etc.

13

Mais c'est du mien ami,
Qu'au vert bois m'attend,
Gaudinette, etc.
Et pour moi endure
La pluie et le vent :
Gaudinette, etc.

14

Qui pour moi endure
La pluie et le vent,
Gaudinette, etc.
Et la grand'froidure
Qui du ciel descend :
Gaudinette, etc.

15

Et la grand'froidure
Qui du ciel descend,
Gaudinette, etc.
Et pour lui j'endure
La honte des gens :
Gaudinette, je vous aime tant !

Chanson de l'Homme armé

En parcourant, il n'y a guère longtemps, un ancien chansonnier manuscrit de ma bibliothèque, j'ai rencontré une *Chanson de Marion* qui n'est nullement celle d'Adam de la Halle dans son *Jeu de Robin et Marion*, mais dont la coupe m'a rappelé la célèbre chanson de *l'Homme armé*. Le volume en question n'a malheureusement pas d'airs notés; mais comme la notation du *Proportional* de Tinctor (1470) est très connue, notation que je crois d'ailleurs la plus exacte parmi toutes celles qu'on a proposées, j'eus la curiosité d'y appliquer les deux couplets trouvés, qui s'ajustent, comme on voit, très exactement sur l'ancien air.

Sous cette forme, *l'Homme armé* n'est évidemment qu'une chanson d'amour, comme plusieurs écrivains l'ont avancé ; c'est à ce titre qu'on retrouve ici cette chanson, déjà mentionnée dans la *Préface*.

Il reste à faire une observation sur l'air qui, dans le manuscrit de Tinctor, est noté en majeur, tandis que la plupart des contrepointistes du xvi⁰ siècle, qui s'en sont servis dans leurs messes, l'ont reproduit en mineur.

Charmante Gabrielle

Cette romance, tendre et héroïque à la fois, a toujours été attribuée à Henri IV, et quoiqu'il soit facile de prouver le contraire, on continuera d'en faire honneur au roi troubadour. L'opinion du cardinal du Perron, contemporain du roi, ne changera pas non plus cette tradition ; voici ce que dit Du Perron : « Il n'entendait rien ni en la musique ni en la poésie 1). » Quoi qu'il en soit, il est avéré que le roi faisait des vers, surtout des chansons.

La strophe du commencement *Cruelle départie*, est déjà mentionnée dans le *Cabinet ou Trésor des nouvelles Chansons*, 1602. Elle reparaît en 1603 avec un air noté dans le *Thesaurus harmonicus*, publié par Besardus à Cologne (1).

<table>
<tr><td>

2

Que ne te puis-je suyvre,
   Soleil ardant,
Ou bien cesser de vivre
   En te perdant !

3

Les jours de ton absence
   Me sont des nuitz,
Et les nuitz la naissance
   De mille ennuys.

</td><td>

4

Ma bouche qui soupire
   Incessamment,
Tesmoigne mon martyre
   Et mon tourment.

5

Tous plaisirs m'abandonnent,
   Et la frayeur
Sans cesse m'environne
   L'âme et le cœur.

</td></tr>
</table>

6

Bref, qui veut voir l'image
   D'un desespoir,
A mon triste visage
   Le vienne voir.

(1) Voici la traduction du titre de ce livre rare que possède la Bibliothèque nationale de Paris, ainsi que le Conservatoire : *Trésor harmonique du divin Laurencin, romain, contenant pour la vielle la musique choisie en tous genres de chants des musiciens remarquables les plus célèbres de ce siècle, dans toutes les parties du monde.* Edité par Jean-Baptiste Bésard, bisontin, amateur des arts libéraux, et musicien très habile.

On y a joint une méthode de vielle pour les commençants, écrite par le même auteur aux frais de l'auteur. Chez Gérard.

Le livre IV se compose de chansons françaises et d'airs de Cour.

Si cette chanson, parue sept ou huit ans avant la mort de Henri IV, avait eu une seule strophe tracée par la main royale, l'éditeur Besardus se serait empressé de le mentionner, car cela eût donné un grand relief à sa publication.

Il est hors de doute aussi que l'arrangeur de *Charmante Gabrielle* connaissait la chanson publiée à Cologne en 1603, puisque la première strophe est littéralement copiée, pour servir de refrain à *Charmante Gabrielle*, dont le fond tout entier est calqué sur cette même pièce.

Cruelle départie devait être une chanson très connue, très répandue ; elle est fréquemment citée comme timbre, entre autres dans la *Pieuse Alouette avec son tire-lire*, cantiques parus en 1619 :

> Douce Vierge Marie,
> Secourez-moy,
> Otez-moi ou la vie
> Ou bien l'émoy.

On voit que la même pensée profane est devenue d'une piété très confite, ornée d'un magnifique *hiatus*.

L'air que nous connaissons n'existait pas encore, et ne parut authentiquement qu'en 1717, comme on verra plus loin.

Fétis, après avoir attribué l'air de cette romance ou chanson à Du Caurroy, qui a été le maître de chapelle de plusieurs de nos rois, et finalement de Henri IV, est revenu là-dessus dans sa nouvelle édition de la *Biographie des musiciens* : c'était une fiction d'écrivain qu'on ne devrait pas se permettre. On n'avait d'ailleurs qu'à examiner les œuvres de Du Caurroy à la Bibliothèque nationale, pour être convaincu que ces pièces à quatre et à cinq voix ainsi que les quelques noëls sont d'un grand siècle plus âgés que *Charmante Gabrielle*.

Ce n'est en effet que dans le second volume de *la Clef des Chansonniers*, publié par Christophe Ballard en 1717, que nous trouvons *Charmante Gabrielle* imprimée pour la première fois, et voici de quelle manière :

Il n'y a que cette strophe et celle de

> Bel astre que je quitte, etc.

Les autres ont donc été fabriquées depuis ? Le souvenir de la belle Gabrielle d'Estrées a passé à la postérité, mais à quel prix ! Etre empoisonnée chez le restaurateur Zamet.

And^no con moto
CHANT
PIANO
Char_man _ te Ga _ bri _ el_le, Per _ cé ____ de
mil _ te ____ dards, Quand la gloi _ re m'ap_pelle A la ____ sui_
_te de Mars! Cru_el _ le dé _ par_ti_e, Mal_heu_reux
jour! Que ne suis - je sans vi_e, Ou sans ____ a _ mour!
poco cresc
poco cresc.
poco rit.
poco rit.

2

L'amour, sans nulle peine,
M'a par vos doux regards,
Comme un grand capitaine,
Mis sous ses étendards :
Cruelle départie, etc.

3

Je n'ai pu dans la guerre
Qu'un royaume gagner,
Mais sur toute la terre
Vos yeux doivent régner
Cruelle départie, etc.

4

(1) Partagez ma couronne,
Le prix de ma valeur,
Je la tiens de Bellone,
Tenez la de mon cœur :
Cruelle départie, etc

5

(2) Bel astre que je quitte,
Ah ! cruel souvenir !
Ma douleur s'en irrite,
Vous revoir ou mourir :
Cruelle départie, etc.

6

Je veux que mes trompettes,
Mes fifres, les échos,
A tous moments répètent
(3) Ces doux et tristes mots :
Cruelle départie, etc.

Variantes :

(1) Or, comme la couronne,
Fut le prix du vainqueur,
Je le tiens de Bellone, etc.

(2) Bel astre que je quitte,
Proche de revenir,
L'absence me contriste
A ce point d'en mourir.

(3) Mes soucis et mes maux.

Si le Roi m'avait donné

L'idée de cette chanson est fort ancienne ; il faut aller la chercher dans l'œuvre du trouvère Richard de Semilli, qui composait au xiiie siècle (1). Cette chanson se trouve là à l'état rudimentaire, bien entendu :

> S'il a sa richesse,
> Je la lui quit,
> Car j'ai ma miete
> Et jor et nuict.
> J'ai trop plus de joie
> Et de déduit
> Que li rois de France
> N'en a, ce cuit (2).

L'air, ou plutôt les airs de *Si le Roi m'avait donné* ne remontent pas aussi loin. Le *Misanthrope* de Molière vit la rampe (éclairée par des chandelles) en 1665, et c'est à la fin de la 2e scène du 1er acte qu'Alceste chante cette jolie chanson :

> Si le roi m'avait donné
> Paris sa grand' ville,

sur l'air de *la Bonne Aventure*. Cet air, d'un âge respectable, a subi de nombreuses transformations, nécessairement en harmonie aux différentes époques où il s'est reproduit. Une des versions les plus anciennes me paraît être celle-ci :

(1) *Histoire littéraire de la France,* t. XXIII, p. 734
(2) *Ce cuit,* je crois.

Cet air a bien pu se chanter au temps de Louis XIV et même antérieurement. On ne possède point de date certaine, mais c'est le timbre maintes fois cité dans les chansons manuscrites, depuis la minorité du roi jusqu'au milieu du xviiie siècle. Ainsi on le trouve encore dans le *Théâtre de la Foire* en 1737. Les Ballard l'avaient déjà publié en 1712 dans les *Mille et un airs*.

Au second volume de la *Clef des Chansonniers* (1717), les mêmes Ballard donnent un autre *Air de la Bonne Aventure*, avec des paroles de commande, qu'ils avaient fait faire pour la publication de cet ouvrage :

C'est le même air que celui des *Trois Cousines* de Dancourt, musique de Gillier, représenté en 1700 :

> Jeunes filles qui portez   } *bis*
> Blonde chevelure,   }
> L'amour vient de tous côtés
> Rendre hommage à vos beautés :
> La bonne aventure, ô gué,
> La bonne aventure.

Voici maintenant la troisième version, que je n'ai pas vue imprimée avant 1724, où toujours les mêmes Ballard publièrent les deux volumes des *Rondes et Chansons à danser*. L'air suivant se lit dans le second volume :

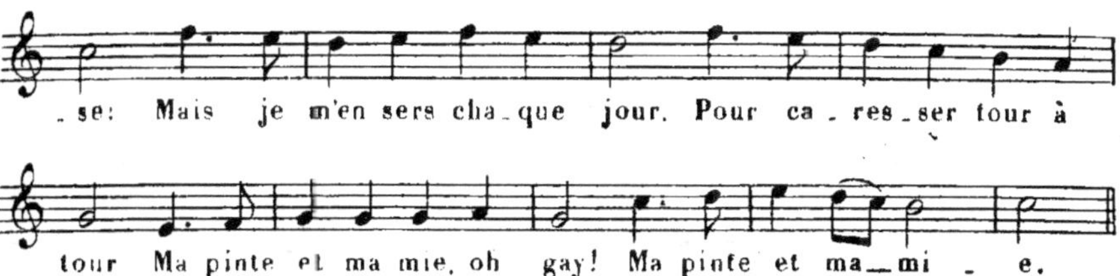

Dans les Parodies du *Nouveau Théâtre italien* (1737), l'éditeur Briasson reproduit cette chanson, dont les paroles sont de Ponteaux ; il n'y a qu'une note de changée, mais elle est caractéristique.

Ici se présente la question intéressante : lequel de ces trois airs Molière a-t-il employé dans le *Misanthrope* ?

Je pencherais assez à croire que c'est la première de ces trois notations, qui est la plus ancienne, mais je ne le jurerais pas. Reste à savoir aussi à quelle époque le Théâtre français a adopté la version plus moderne qu'on chante actuellement dans le *Misanthrope*, et qui est certainement la meilleure, la seule universellement connue.

Dans le second volume de l'*Anthologie française* de Monet (1765), il y a la chanson suivante sur le timbre *Si le Roi voulait m'donner* :

> Un soir revenait Cadet,
>   Ce n'est pas sa faute,
> Tenant sous le bras Babet,
>   La fille à notre hôte ;
>
> Un voleur saisit Cadet,
> Un voleur saisit Babet ;
> C'est bien la faute du guet,
>   Ce n'est pas leur faute,
>   Etc.

A cette époque, les deux autres airs de *la Bonne Aventure, ô gué...* devaient être oubliés déjà à tout jamais.

Con moto
CHANT
PIANO
f
p
p
Si le roi m'a_vait don_né Pa_ris, sa grand' vil_le,
Et qu'il m'eût fal_lu quit_ter L'a_mour de ma mi_e,
mf
mf
J'au_rais dit au roi Hen_ry: Re_pre_nez vo_tre Pa_ris,
decresc.

Nous rappelons ici les vers que Molière a mis dans la bouche d'Alceste :

> Le méchant goût du siècle, en cela, me fait peur.
> Nos pères, tout grossiers, l'avaient beaucoup meilleur,
> Et je prise bien moins tout ce que l'on admire,
> Qu'une vieille chanson que je m'en vais vous dire :
>> Si le roi m'avait donné
>> Paris, sa grand' ville,
>> Et qu'il me fallût quitter
>> L'amour de ma mie,
>> Je dirais au roi Henri :
>> « Reprenez votre Paris ;
>> J'aime mieux ma mie, au gué !
>> J'aime mieux ma mie. »
> La rime n'est pas riche, et le style en est vieux ;
> Mais ne voyez-vous pas que cela vaut bien mieux
> Que ces colifichets, dont le bon sens murmure,
> Et que la passion parle là toute pure ?

(Alceste redit la chanson)

Voilà ce que peut dire un cœur vraiment épris.

Dans notre village

C'est probablement quelque air de danse de la fin du xviie siècle qu'on aura parolié ou *parodié*, comme on disait alors. On le trouve dans tous ces livrets, parus au commencement du xviiie siècle, *les Brunettes*, *la Clef des Chansonniers*, *le Théâtre de la Foire*, les *Noëls bourguignons* de Bernard de la Monnoye, dans la collection Maurepas, etc., ce qui prouve en tout cas son succès ; il ne module pas, il reste invariablement dans le même ton jusqu'au bout, ce qui est une des meilleures conditions pour être adopté par le peuple.

Dans l'*Encyclopédie* de Diderot et d'Alembert, on dit des *Brunettes* : « l'espèce de chansons dont l'air est facile et simple, et le style galant et naturel, quelquefois tendre et souvent enjoué. On les appelle ainsi, parce qu'il est souvent arrivé que, dans ces chansons, le poète, s'adressant à une jeune fille, lui a donné le nom de *brunette*, petite brune ».

Du Mersan (1) attribue l'air de cette chanson à Jacques Lefebvre, dont on ne connaît qu'un recueil fort rare, *Meslange de musique à quatre parties*, en style contrepointé, comme on écrivait alors (sous Louis XIII). Ce nom de Lefebvre est une espèce de passe-partout dont Fétis se sert volontiers pour lui attribuer des chansons dont on ne connaît pas les auteurs ; La Borde l'avait fait avant lui, dans son *Essai sur la Musique*, en publiant sous ce nom une chanson à quatre voix :

> *Las ! il n'a nul mal*
> *Qui n'a le mal d'amour,*

dont le thème est charmant, et dont l'harmonie (de La Borde) est horrible.

Je me suis bien demandé si cette chanson n'était pas du compositeur amateur La Borde lui-même ; mais après avoir examiné les nombreuses et ineptes chansons de ce fermier général, valet de chambre du roi Louis XV, on est bien obligé d'avouer qu'il n'en eût pas été capable.

Il ne faut pas confondre ce compositeur Jacques Lefebvre avec le savant théoricien du même nom, *Faber Stapulensis*, qui vécut au xve siècle, et dont nous avons les traités.

Les chansonniers se sont servis plus d'une fois de cet air, *Dans notre village*, qui a une franche allure. Entre autres versions, citons celle-ci :

Nous étions trois filles,
Trois à marier,
Nous nous en allâmes
Dans un pré danser :
Dans le pré, mes compagnes,
Qu'il fait bon danser !
Nous fîmes rencontre
D'un joli berger.
Il prit la plus jeune,
Voulut l'embrasser.

Nous nous mîmes toutes
A l'en empêcher.
Le berger timide
La laissa aller.
Nous nous écriâmes :
Ah ! le sot berger !
Quand on tient l'anguille,
Il faut la manger.
Quand on tient les filles,
Faut les embrasser.

(1) *Chants et Chansons populaires de la France.*

Allegretto
CHANT
PIANO
Dans no _ tre vil _ la _ ge Cha _ cun
vit con _ tent, Dans no _ tre vil _ la _ ge Chacun vit con _
_ tent; Les ber _ gers chan _ tant A _ près la fin de leur ou _
_ vra _ ge, Les ber _ gers chan _ tant A _ près la fin de leur ou _

2

Ils sont à leurs belles } *bis*
Si fort attachés,
Qu'ils seraient touchés } *bis*
D'une inquiétude mortelle,
S'ils passaient un jour
Sans faire l'amour.

3

Jamais la tristesse } *bis*
Ne règne en ces lieux,
Les ris et les jeux } *bis*
Y font leur demeure sans cesse.
Ah ! le beau séjour
Pour faire l'amour !

Dans les Gardes françaises

On a parfois émis des doutes sur la paternité de cette chanson (quant aux paroles), mais elle est parfaitement au nombre des *Poésies de M. l'abbé Mangenot*, Maestricht, 1776, in-8°, avec des airs gravés.

Pourquoi s'étonner de nos jours qu'une aussi folle chanson puisse porter le nom d'un abbé? Il faut se rappeler que les abbés de ce temps-là n'exerçaient pas les fonctions de prêtres, tout en vivant sur les biens de l'Église; Mangenot est à classer dans cette série. Voici l'épitaphe qu'il s'est faite lui-même, et qui expliquera encore plus clairement ce que je viens de dire :

> Sous ce marbre gît enterré
> Un prébendier sexagénaire,
> Qui ne lut jamais son bréviaire,
> Et qui ne connut son curé
> Qu'en lisant son baptistaire.

Mangenot avait une verve diabolique, et, ses chansons le prouvent de reste, le côté grivois ne l'effrayait pas Dans la préface de ses œuvres, qu'il n'a pas vues imprimées, étant mort le 9 octobre 1768, se trouve sa biographie par un ami; il était neveu de Palaprat. On lit ceci dans cette biographie : « Il est heureux, pour sa réputation, que la trop grande facilité qu'il avait d'écrire ait été souvent combattue par un attrait plus vif encore, qui le portait à ne rien faire. » Ce n'est pas flatteur pour Mangenot.

Puis vient cette historiette : « La sœur de Mangenot dit un jour à un monsieur qui venait voir son frère : Ne soyez pas scandalisé de ce que mon frère fait des vers. Nous sommes tous d'honnêtes gens dans notre famille, il n'y a que lui qui nous déshonore. »

Dans un de mes recueils manuscrits, la chanson des *Gardes françaises* est inscrite à la date de 1752, sur l'air : *Tais-toi, Françoise*, qui n'est pas celui que nous connaissons D'autres timbres sont encore indiqués, comme

> *C'est la fille à ma tante*
> *Pour qui j'ai de l'amour.*

ou bien : *Pour un amant frivole ;* ou bien encore : *Ah ! que la chasse est belle*, etc.

On voit dans quel dédale inextricable nous conduisent toutes ces indications.

Enfin dans la *Clé du Caveau* on lit cette énormité : « Cet air est attribué à Voltaire. » Voit-on Voltaire, qui ne comprenait rien à la musique, composer des airs pour les chansons de Mangenot? De tout cela je crois qu'il faut conclure que cet air de chasse, très franc et très entraînant, a été employé par beaucoup de chansonniers.

(1) En Allemagne, les régiments portent le nom d'un prince ou d'un général. Il en était de même en France au XVIIIe siècle. — La première compagnie d'un régiment portait le nom de son colonel ; on l'appelait *la colonelle*.

2

Il avait la semaine
Deux fois du linge blanc,
Et comme un capitaine
La toquante d'argent,
Le fin bas d'écarlate
A côtes de melon,
Et toujours de ma patte
Frisé comme un bichon.

3

Pour sa dévergondée,
La Madelon Friquet,
De pleurs toute inondée,
J'ai rempli mon baquet.
Je suis abandonnée,
Mais ce n'est pas le pis ;
Ma fille de journée
Est sa femme de nuit.

4

Une petite rente
Qu'un monsieur m'avait fait,
Mon coulant (1), ma branlante (2),
Tout est au berniquet (3).
Il retournait mes poches,
Sans me laisser un sou ;
Ce n'est pas par reproches,
Mais il m'a mangé tout.

5

La nuit quand je sommeille,
Je pense à mon coquin ;
Et le plaisir m'éveille,
Tenant mon traversin.
La chance est bien tournée,
A présent c'est Catin
Qui suce la dragée,
Et moi le chicotin.

6

De ton épée tranchante
Perce mon tendre cœur,
Fais périr ton amante,
Ou rends-lui son bonheur.
Le passé n'est qu'un songe,
Un' fichaise, un rien :
J'y passerai l'éponge,
Viens, rentre dans ton bien.

(1) *Coulant*, un anneau qui retenait la chevelure.
(2) *Branlante*, chaine de montre.
(3) *Berniquet, au clou*, au mont-de-piété.

Je l'ai planté, je l'ai vu naître

Musique de J.-J. Rousseau.

Les paroles de cette romance célèbre sont de M. de Laire, la musique est de J.-J. Rousseau. Elle n'a été publiée qu'après la mort de Rousseau, dans un volume ayant pour titre : *Consolations des misères de ma vie*, une véritable édition de luxe, avec un beau frontispice gravé par Benazech, représentant la glorification de l'amour maternel, des petits enfants et des nourrices : l'idée de ce dessin a-t-elle été inspirée comme un repentir de Rousseau, qui a mis son enfant au tour de Notre-Dame ?

L'auteur n'a mis qu'une partie de basse sous la mélodie ; il a même dit dans son manuscrit : « Dans toute ma musique je prie instamment qu'on ne mette *aucun remplissage*, partout où je n'en ai pas mis. »

A une époque où l'harmonie était très peu compliquée, le compositeur n'écrivait souvent que le chant et la basse, des musiciens appointés faisaient le *remplissage* : cela se pratiquait ainsi par Lulli.

Dans l'intention de plaire au public, j'ai fait le remplissage, mais en respectant la basse de Rousseau, laissée intacte, et en reproduisant la variante du 4e couplet, qui est également de Rousseau.

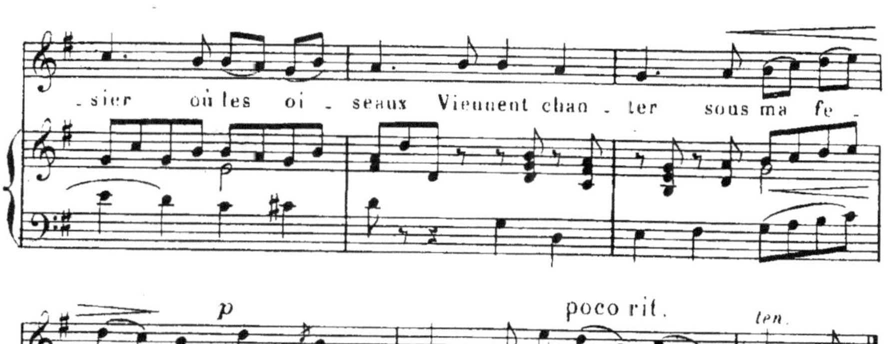

2

Joyeux oiseaux, troupe amoureuse,
Ah ! par pitié, ne chantez pas,
L'amant qui me rendait heureuse
Est parti pour d'autres climats.

3

Pour les trésors du Nouveau Monde
Il fuit l'amour, brave la mort,
Hélas ! pourquoi chercher sur l'onde
Le bonheur qu'il trouvait au bord !

4

Vous, passagères hirondelles,
Qui revenez chaque printemps,
Oiseaux sensibles et fidèles,
Ramenez-le-moi tous les ans.

(Variante de la fin, indiquée par Rousseau.)

Ah ! vous dirai-je, maman ?

Existe-t-il un air plus populaire que celui-ci ? Connu dans toutes les classes de la société, chanté par l'ouvrier et le grand seigneur, balbutié par l'enfant, fredonné par la grand'-mère... Mais c'est un orphelin. Je suis cependant convaincu que c'est l'œuvre d'un musicien, resté inconnu comme les créateurs de la *Pavane* de l'*Orchésographie*, de la *Romanesca*, de l'adorable *Aria di chiesa*, dont les ignorants affublent depuis si longtemps Stradella, mort plus d'un siècle avant que ce morceau ait pu exister musicalement.

La simplicité et le charme naïf de la petite cantilène : *Ah ! vous dirai-je, maman ?* méritaient mieux que l'anonyme. On ne trouve cette chanson dans aucun des petits volumes publiés par les Ballard dans le courant des vingt-cinq premières années du dix-huitième siècle (1) ; ils ne l'auraient certainement pas négligée si elle avait existé alors.

La plus ancienne date que je puisse citer pour *Ah ! vous dirai-je, maman ?* est 1740, puis les *Folies de Coraline*, pièce jouée en 1745 à la Comédie italienne.

C'est bien sous le règne de Louis XV que les *Bergeries* avaient atteint leur plus grande vogue : les dames du grand monde paraissaient volontiers en bergère dans un bal costumé, même non costumé. C'est alors que la reine Marie-Antoinette fit arranger un châlet suisse dans une partie du Petit Trianon. C'est là qu'elle recevait ses invités, habillée en Philis, en Dorimène, en Iris ou en Glycère.

Il existe de nombreuses chansons galantes sur l'air de : *Ah ! vous dirai-je, maman ?* à peu près toutes dans le goût des *Bergeries*, comme :

> Mon berger, reviens à moi
> Aux doux accents de ma voix ;
> Viens consoler ta bergère,
> Qui gémit sur la fougère :
> De longs soupirs et des pleurs
> Ont remplacé ses rigueurs.

Ceci est la dernière strophe d'une pièce tout embaumée de fleurs, de verdure, de lavande, de thym, de serpolet, avec des tourterelles sur tous les arbres : le tableau est complet ; les versiculets qu'on vient de lire ressemblent assez au miaulement sur les toits d'une chatte qui appelle son matou.

C'est sur cet air de : *Ah ! vous dirai-je, maman ?* qu'un grand-papa ou une grand'maman aura composé la variante :

> Ah ! vous dirai-je, maman,
> Je n'ai pas encor six ans ;
> Papa veut que je raisonne
> Comme une grande personne,
> Et moi je dis que les bonbons
> Valent mieux que les leçons.

(1) *Les Brunettes*, 3 vol., 1703. — *La Clef des chansonniers*, 2 vol., 1717. — *Rondes et chansons à danser*, 2 vol., 1734.

CHANT
PIANO
And^{nc} con moto
Ah! vous di - rai - je, ma
- man, ___ Ce qui cau - se mon tour - ment?
De - puis que j'ai vu Sil - van - dre Me re -
- gar - der d'un air ten - dre, Mon cœur dit à
cresc.

2

L'autre jour, dans un bosquet
Il me cueillait un bouquet ;
Il en orna ma houlette,
Me disant : Belle brunette,
Flore est moins belle que toi,
L'amour moins épris que moi.

3

Je rougis et par malheur
Un soupir trahit mon cœur ;
Le cruel, avec adresse,
Profita de ma faiblesse :
Hélas ! maman, un faux pas
Me fit tomber dans ses bras.

4

Je n'avais pour tout soutien
Que ma houlette et mon chien ;
Amour, voulant ma défaite,
Ecarta chien et houlette :
Ah! qu'on goûte de douceur
Quand l'amour prend soin d'un cœur !

Au bois Rossignolet

C'est surtout dans les ateliers de peinture que cette chanson est tenue en honneur, elle y jouit d'une grande vogue, et si son exécution n'exige pas absolument une certaine éducation musicale, il faut cependant que les chanteurs qui la disent aient le sentiment de la mesure et de l'intonation. C'est dans l'atelier du peintre Glaize que j'ai recueilli cette pièce. L'air est moderne, tout ce qu'il y a de plus moderne ; mais l'idée mère de la chanson est fort ancienne, on la trouve déjà dans un livret du xvie siècle.

Je m'y levai un jour de grand matin,
la la,
Je m'en entray dans nos joly jardin,
la la,
Et ola la la et moy je meine l'asne,
Je cache le baudet la ridet,
Je cache le baudet.

Je m'en entray dans nos joly jardin,
la la,
Je rencontray roussignoulet joly,
la la,
Et ola la, etc.

Je rencontray roussignoulet joly,
la la,
Qui en son chant disoit de soir et de matin
la la,
Et ola la, etc.

Qui en son chant disoit de soir et de matin,
la la,
Or faict il bon aymer la fille à son voisin,
la la,
Et ola la, etc.

Or fait il bon aymer la fille à son voisin,
la la,
Si ne la voit au vespre, il la voit au matin,
la la,
Et ola la, etc.

Si ne la voit au vespre, il la voit au matin,
         la la,
Et qu'au jeu d'amourette il faut estre assez fin,
         la la,
     Et ola la, etc.

Et qu'au jeu d'amourette il faut estre assez fin,
         la la,
Pour faire la chosette n'estre jamais chagrin,
         la la,
     Et ola la, etc.

Inutile de faire observer que l'air actuel n'irait pas sur ces paroles ; il est d'ailleurs trop vif pour être même une création du xviiie siècle : c'est un air d'il y a cinquante ou soixante ans.

rit.
_min (le rin) le long du grand che_min, Là je m'y en_dor_
_min (le rin) le long du grand che_min Là je m'y en_dor_
rit.
mis (le ris) à l'om(le rom)_bre sous (le rou) un pin (le rin), Au
mis (le ris) à l'om(le rom)_bre sous (le rou) un pin (le rin), Au
rit.
p
bois ros_si_gno_let (le ret) au bois ros_si_gno_let.
bois ros_si_gno_let (le ret) au bois ros_si_gno_let.
rit.
rit.

2

Là je m'y endormis (le ris)
A l'ombre sous un pin (le rin),
A l'ombre sous un pin.
Quand je me réveillis (le ris),
   Le pin (le rin)
   Etait (le rai)
   Fleuri (le ri) :
Au bois rossignolet,
   (le ret)
Au bois rossignolet.

3

Quand je me réveillis (le ris),
Le pin était fleuri (le ri),
Le pin était fleuri.
Vit' je pris mon coutiau (le riau)
   Un' bran' (le ran)
   Che j'en (le ren)
   Coupis (le ris) :
Au bois, etc.

4

Vit' je pris mon coutiau (le riau),
Un' branche j'en coupis (le ris),
Un' branche j'en coupis.
Et j'en fis un flûtiau (le riau),
   Un fla (le ra)
   Geolet (le ret)
   Aussi (le ri) :
Au bois, etc.

5

Et j'en fis un flûtiau (le riau)
Un flageolet aussi (le ri),
Un flageolet aussi.
Et m'en allai chantant (le ran)
   Le long (le ron)
   Du grand (le ran)
   Chemin (le rin) :
Au bois, etc.

6

Et m'en allai chantant (le ran)
Le long du grand chemin (le rin),
Le long du grand chemin.
Or, savez-vous, Messieurs (le rieus),
   Ce que (le reu)
   Ma flût' (le ru)
   A dit (le rit) ?
Au bois, etc.

7

Or, savez-vous, Messieurs (le rieu),
Ce que ma flûte a dit (le rit),
Ce que ma flûte a dit ?
— Ah ! qu'il est doux d'aimer (le rer)
   Le fils (le ris)
   De son (le ron)
   Voisin (le rin) :
Au bois, etc.

8

Ah ! qu'il est doux d'aimer (le rer)
Le fils de son voisin (le rin),
Le fils de son voisin !
Quand on l'a vu le soir (le roir),
   On le (le re)
   Voit le (le re)
   Matin (le rin) :
Au bois, etc.

9

Quand on l'a vu le soir (le roir),
On le voit le matin (le rin),
On le voit le matin :
Ah ! qu'il est doux d'aimer (le rer)
   Le fils (le ris)
   De son (le ron)
   Voisin (le rin) :
Au bois rossignolet
   (le ret)
Au bois rossignolet.

Derrière chez mon père

Il est bien difficile de donner une patrie à cette chanson, qui voyage avec des variantes nombreuses dans beaucoup de provinces de la France, plus particulièrement en Franche-Comté, version dont je donne l'air ; les paroles sont les mêmes ; cette version m'a été communiquée par Francis Wey, de regrettée mémoire. (Voir ci-après p. 45.)

Le Roux de Lincy (*Chants historiques français*) parle des *Trois princesses : «* On trouve encore dans les différentes provinces de la France des chansons populaires, pleines de grâce et de poésie. En voici une qui appartient à la Franche-Comté, et dont je dois communication à M. Brizeux, l'auteur de *Marie.* »

M. X. Marmier, dans son introduction des *Chants populaires du Nord,* a cité plusieurs couplets des *Trois princesses.* il y manque celui-ci :

> Il va-t-à la guerre,
> Vole, mon cœur vole,
> Il va-t-à la guerre,
> Combattre pour nous.

Cette chanson est connue aussi au Canada, où elle a été importée sans doute par nos compatriotes au xviie siècle, ce qui lui donnerait déjà un âge fort respectable. Si le sujet ou les paroles sont restés à peu près les mêmes, l'air a varié considérablement ; j'en connais trois ou quatre différents.

2

Trois belles princesses,
Vole, vole, mon cœur vole,
Sont assis, dessous :
 Tout doux, et iou,
Sont assis, dessous.

3

« Çà, dit la première,
Vole, vole, mon cœur vole,
Je crois qu'il fait jour :
 Tout doux, et iou,
Je crois qu'il fait jour.

4

— Çà, dit la seconde,
Vole, vole, mon cœur vole,
J'entends le tambour :
 Tout doux, et iou,
J'entends le tambour.

5

— Çà. dit la troisième,
Vole, vole, mon cœur vole,
C'est mon ami doux :
 Tout doux, et iou,
C'est mon ami doux.

6

« Il va-t-à la guerre,
Vole, vole, mon cœur vole,
Combattre pour nous :
 Tout doux, et iou,
Combattre pour nous.

7

« S'il gagne bataille,
Vole, vole, mon cœur vole,
Aura mes amours :
 Tout doux, et iou,
Aura mes amours.

8

« Qu'il perde ou qu'il gagne,
Vole, vole, mon cœur vole,
Les aura toujours :
 Tout doux, et iou,
Les aura toujours. »

(D'après Francis Wey)

La fille au Coupeur de blé

Cette chanson indique suffisamment son origine, je l'ai recueillie aux environs de Saint-Brieuc, il y a bien certainement une quarantaine d'années.

M. Bujeaud, dans ses *Chansons populaires de l'Ouest*, donne une pièce presque identique comme paroles; mais l'air de M. Bujeaud s'éloigne complètement du mien, que j'ai la faiblesse de préférer. Voici la chanson de l'Angoumois :

M. Guillon, *Chansons populaires de l'Ain*, cite la première strophe de *la Fille du coupeur de blé*, sans donner l'air. Il y a même une soi-disant seconde strophe qui n'irait pas sur l'air de la première :

Quand je la vois,
Je la prends, je l'embrasse,
Quand je la vois,
Je lui tend les bras.

Alltto moderato
CHANT
PIANO
mf
rit.
mf a tempo
Ja _ mais je n'ou_blie_rai La fille au cou _ peur de pail_le,
a tempo
mf
Ja _ mais je n'ou_blie_rai La fille au cou _ peur de blé.
f
1er Couplet
p
La fille au bon _ homme est ri_che, l'n'veut pas me la bail_ler:
p

2

Il n'en est pas de plus belle
Entre Paimpol et Tréguier :
 Jamais je n'oublierai
La fille au coupeur de paille,
 Jamais je n'oublierai
La fille au coupeur de blé.

3

En dansant l'autre dimanche,
M'a souri si tendrement :
 Jamais je n'oublierai
La fille au coupeur de paille,
 Jamais je n'oublierai
La fille au coupeur de blé.

4

Nous somm's trois qui veul'nt sa fille,
Nous somm's deux qui n'l'auront pas...
 Jamais je n'oublierai
La fille au coupeur de paille,
 Jamais je n'oublierai
La fille au coupeur de blé !

La Belle est au jardin d'amour

Rarement on rencontre, dans la chanson vraiment émanée du peuple, des tournures aussi poétiques que dans celle-ci. Ce jardin d'amour arrive là comme un paradis, un paradis dans les nuages ; tout est de pure imagination, et n'a de matériel que le dernier couplet. M. Victor Smith (*Vieilles Chansons du Velay*) envisage cette chanson de la même façon : « Elle appartient au monde idéal, elle exprime un sentiment raffiné, elle semble n'être qu'une conception littéraire à l'usage des délicats, on la dirait détachée d'un livre de précieuses, et cependant elle est dans une certaine mesure populaire. »

La version de M. V. Smith diffère très peu de la mienne, que j'avais déjà publiée dans les *Chansons des Provinces*, en collaboration avec Champfleury. J'avais écrit cet air sous la dictée de Mme Pierre Dupont, Picarde d'origine, et comme la même chanson diffère toujours d'une province à une autre, il n'est pas étonnant que l'air donné par M. Jérôme Bujeaud (1) ne ressemble pas du tout au mien. Je vais reproduire l'air du Poitou, qui est plutôt gai que mélancolique.

(1) *Chants et chansons populaires des provinces de l'Ouest, Poitou, Saintonge, Aunis et Angoumois*, Niort, 1866.

Andantino
CHANT
PIANO
La belle est au
jar_din d'a_mour
cresc.
Voi_là z'un mois ou six se_mai_nes,
Son pè_re la cher_che par_tout,
Et son a_mant est bien en pei_ne.
a tempo
rit.
suivez

2

Berger, berger, n'as-tu pas vu,
N'as-tu pas vu la beauté même ?
« Comment est-elle donc vêtu' ?
Est-elle en soie, est-elle en laine ? »

3

Elle est vêtue en satin blanc,
Et dans ses mains blanches mitaines ;
Ses cheveux, qui flottent au vent,
Ont une odeur de marjolaine.

4

Elle est là-bas, dans ces vallons,
Assise au bord d'une fontaine ;
Dans ses mains tient un bel oiseau,
A qui la bell' conte sa peine.

5

Petit oiseau, tu es heureux
D'être ainsi auprès de ma belle !
Et moi qui suis son amoureux,
Je ne puis pas m'approcher d'elle !

6

Peut-on être auprès du rosier
Sans en pouvoir cueillir la rose ?
« Cueillissez-la si vous voulez,
Car c'est pour vous qu'elle est déclose. »

Malgré la bataille

Cette chanson, pleine de verve et de gaieté insouciante, a été attribuée à Voltaire : ce n'est pas sa façon de faire, mais c'est bien son esprit ; elle se trouve d'ailleurs imprimée dans les œuvres de l'abbé Mangenot (1).

Cet abbé avait un frère, commissaire des guerres sous le maréchal de Saxe, et qui versifiait aussi ; on l'a désigné quelque fois comme le père de cette chanson, sans preuves d'ailleurs. *Malgré la bataille* paraît avoir été composé à l'époque de la guerre des Flandres (1744).

L'air (en mineur) est empreint de cette teinte un peu mélancolique que comporte ce mode, indice à peu près certain que le poète a écrit sa chanson sur un air qu'il connaissait, car un musicien travaillant sur ces paroles n'aurait certes pas choisi ce mode-là. Messieurs les poètes, eux, n'y regardent pas de si près : Béranger a maintes fois appliqué des paroles gaies sur un air triste, et *vice versa*.

On lit dans les *Mémoires* de Bachaumont (22 novembre 1768) : « On a oublié de parler de M. l'abbé Mangenot, mort le mois dernier. Dès l'âge de 28 ans il remporta le prix de l'académie des Jeux floraux. Il a composé des petits riens, des épigrammes, des madrigaux, des chansons, et vivait de ses appointements de chanoine du Temple, dont il ne remplissait guère les fonctions. Il est à souhaiter qu'un homme de goût rassemble ses poésies légères, éparses chez ses amis, et les réduise en recueil. »

(1) *Poésies de M. l'abbé Mangenot, à Maestricht,* 1776. Ce n'est pas dans ce volume que la chanson en question parut d'abord ; on la trouve dans le *Chansonnier français* (en 12 volumes), publié en 1760. L'abbé Mangenot n'est mort qu'en 1768. Ce poète a écrit quelques charmantes églogues ; la première : *Au déclin d'un beau jour,* etc., fut envoyée aux Jeux floraux de Toulouse par Palaprat, l'oncle du jeune poète, qui ignorait cela. Elle obtint *l'églantine d'argent.* Mangenot apprit tout cela à un dîner, où Palaprat avait réuni Campistron, Brueys et J.-J. Rousseau. Ce fut ce dernier qui remit l'églantine au jeune homme.

Un poco all.tto
CHANT
PIANO
Mal_gré la ba_tail._le qu'on don_
_ne de _ main,___ Ça, faisons ri_pail_le, Char_man_te Ca_
_tin; ___ At_tendant la gloi_re Pre_nous le plai_sir,___
Sans lire au gri_moi_re Du sombre a_ve_nir!___

2

Si la hallebarde (1)
Je peux mériter,
Près du corps de garde
Je te fais planter,
Ayant la dentelle,
Le soulier brodé,
La blouque (2) à l'oreille,
Le chignon cardé.

3

Narguant les compagnes,
Méprisant leurs vœux,
J'ai fait deux campagnes,
Rôti de tes feux.
Digne de la pomme,
Tu reçus ma foi,
Et jamais rogomme
Ne fut bu sans toi.

4

Tiens, serre ma pipe,
Garde mon briquet ;
Et si La Tulipe
Fait le noir trajet,
Que tu sois la seule
Dans le régiment
Qu'ait le brûle-gueule
De ton cher z'amant.

5

Ah ! retiens tes larmes,
Calme ton chagrin,
Au nom de tes charmes,
Achève ton vin !...
Mais quoi ! de nos bandes
J'entends les tambours ?
Gloire, tu commandes,
Adieu, mes amours !

(1) A cette époque (Louis XV), les sergents d'infanterie étaient armés de hallebardes.
(2) *Blouque*, boucle.

Magali

La chanson de *Magali*, populaire surtout en Provence, a reçu une nouvelle illustration et célébrité par le poème provençal de Mistral *Miréio*, et par le bel opéra comique, musique de Gounod : *Mireille*.

Magali, au moins l'idée et le fond de cette chanson, que M. Smith appelle *les Transformations* (1), est très populaire, non seulement en Provence, mais dans quelques autres provinces de la France. M. Smith nous dit : « Quand cette chanson fut envoyée de l'arrondissement d'Aix à la section du *Comité de la langue*, chargée de réunir les chansons dignes de voir le jour dans un recueil national, certains membres du comité ne crurent pas à la popularité de ce chant, ils craignirent même une supercherie ... » Il faut avouer qu'il y avait dans ce comité des littérateurs qui ne se doutaient pas de ce que c'est qu'une chanson populaire.

Depuis des années on avait abandonné ces monceaux de cartons, qui renfermaient les chansons envoyées, et dont le nombre avait finalement découragé le comité chargé de les examiner et de les classer. M. Jules Ferry était alors ministre de l'instruction publique. J'eus l'idée de réclamer ce dépôt pour la Bibliothèque du Conservatoire de musique. Le ministre envoya une réponse favorable, et ce n'est que quand je voulus chercher une première charretée, que j'appris que depuis six ou huit mois on avait envoyé le tout à la Bibliothèque nationale.

L'air provençal de *Magali* m'a été envoyé par M. François Séguin, d'Avignon.

---

(1) Victor Smith, *Vieilles Chansons recueillies en Velay et en Forez*, 1878, Paris.

And^no con moto
CHANT
PIANO
O Ma_ga _ li, ma tant a.
O Ma_ga _ li, ma tant ai_
_ma _ do, Me_te la teto au fe_nes_troun; Es_conto un
_mé _ e, A ta fe _ nê _ tre fais-toi voir; L'air est doux,
pau a_questo au _ ba _ do De tam_bou_rin et de viou_
la nuit par _ fu _ mé _ e: Ton doux re_gard me rend l'es_
_loun. Ei plen d'es _ tello a pe _ ra _ mount! l'auro es toum_
_poir. Le ciel al _ lu _ me tous ses feux, Mais il pâ _

2

« Pas plus que du murmure des branches
De ton aubade je me soucie,
Mais je m'en vais dans la mer blonde,
Me faire anguille de rocher.
— O Magali, si tu te fais
    Le poisson de l'onde,
Moi le pêcheur je me ferai,
    Je te pêcherai.

3

« Oh ! mais si tu te fais pêcheur,
Quand tu jetteras tes filets,
Je me ferai l'oiseau qui vole,
Je m'envolerai dans les landes.
— O Magali, si tu te fais
    L'oiseau de l'air,
Je me ferai, moi, le chasseur,
    Je te chasserai.

4

« Aux perdreaux, aux becs-fins
Si tu viens tendre des lacets,
Je me ferai, moi, l'herbe fleurie,
Et me cacherai dans les prés vastes.
— O Magali, si tu te fais
    La marguerite,
Je me ferai, moi, l'eau limpide,
    Je t'arroserai.

5

« Si tu te fais l'onde limpide,
Je me ferai, moi, le grand nuage,
Et promptement m'en irai ainsi
En Amérique, là-bas bien loin.
— O Magali, si tu t'en vas
    Aux lointaines Indes,
Je me ferai, moi, le vent de mer,
    Je te porterai.

6

« Si tu te fais le vent marin,
Je fuirai d'un autre côté :
Je me ferai l'échappée ardente
Du grand soleil qui fond la glace.
— O Magali, si tu te fais
    Le rayonnement du soleil,
Je me ferai, moi, le vert lézard,
    Et te boirai.

7

« Si tu te rends la salamandre
Qui se cache dans le hallier,
Je me rendrai, moi, la lune pleine
Qui éclaire les sorciers dans la nuit.
— O Magali, si tu te fais
    Lune sereine,
Je me ferai, moi, belle brume,
    Je t'envelopperai.

8

« Mais si la brume m'enveloppe,
Pour cela tu ne me tiendras pas ;
Moi, belle rose virginale,
Je m'épanouirai dans le buisson.
— O Magali, si tu te fais
    La rose belle,
Je me ferai, moi, le papillon,
    Je te baiserai.

9

« Va, poursuivant, cours, cours,
Jamais, jamais tu ne m'atteindras ;
Moi, de l'écorce d'un grand chêne
Je me vêtirai dans la forêt sombre.
— O Magali, si tu te fais
    L'arbre des mornes,
Je me ferai, moi, la touffe de lierre,
    Je t'embrasserai.

10

« Si tu veux me prendre à bras le corps,
Tu ne saisiras qu'un vieux chêne ;
Je me ferai blanche nonnette
Du monastère du grand saint Blaise.
— O Magali, si tu te fais
    Nonnette blanche,
      Moi, prêtre, à confesse
        Je t'entendrai.

11

« Si du couvent tu passes les portes,
Tu trouveras toutes les nonnes
Autour de moi errantes,
Car en suaire tu me verras.
— O Magali, si tu te fais
    La pauvre morte,
Adoncques je me ferai la terre,
    Là, je t'aurai.

12

« Maintenant je commence à croire
Que tu ne me parles pas en riant,
Voilà mon annelet de verre
Par souvenir, beau jouvenceau.
— O Magali, tu me fais du bien,
    Mais dès qu'elles t'ont vue,
O Magali, vois les étoiles,
    Comme elles ont pâli.

La Pernette

Cette chanson de la *Pernette* est fort embarrassante, vu la quantité de versions qui se présentent, aussi bien pour les paroles que pour les airs : c'est tantôt l'amoureux de la *Pernette* qui est dans la tour, tantôt (et le plus souvent) c'est elle-même; or, comme l'imagination populaire ne peut se passer d'un prince, d'un baron, d'un roi, d'un grand seigneur, la prisonnière est généralement une fille de haut parage, plus rarement la fille d'une simple paysanne. Ces versions différentes embrouillent la mémoire du chanteur aux abois; il mêle, sans y faire grande attention, des strophes de l'une et l'autre version. D'ailleurs, les auditeurs, n'étant pas des critiques raffinés, ne s'en aperçoivent pas seulement : la grande affaire c'est qu'il y a une jeune fille qui pourrit dans la tour, parce que son père ne veut pas lui donner celui qu'elle aime, et c'est surtout là-dessus que l'auditoire s'attendrit.

Ce qu'il y a de plus impatientant, c'est qu'on ne dit nulle part pourquoi on tient tant à *pendoler* Pierre, impossible de savoir ce qu'il a commis. Peut-être est-ce tout simplement parce qu'il était aimé de la fille du seigneur : le sombre moyen âge avait une justice si singulière, parfois si féroce, que nous avons bien de la peine à y comprendre quelque chose.

La forme la plus ancienne connue de cette chanson paraît être celle qu'a donnée E. de Coussemaker; c'est l'amoureux qui est dans la tour :

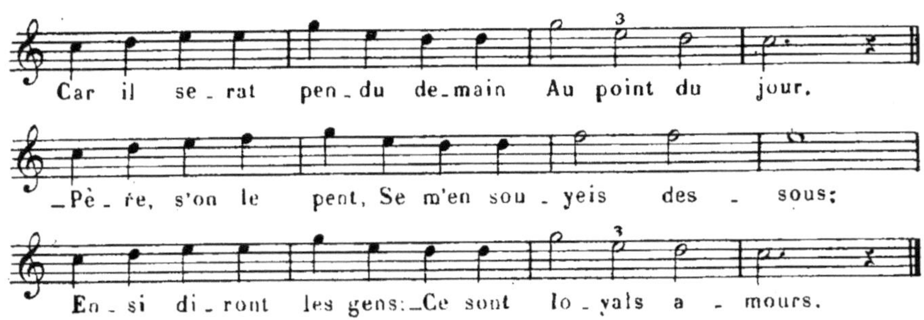

La Bibliothèque nationale possède deux parties de chant d'un recueil à quatre voix, imprimé au xvie siècle, dont voici le commencement du *superius* :

Voici déjà l'air et les pàroles changés; de plus, on voit apparaître ce refrain gracieux : *Las ! il n'a nul mal qui n'a le mal d'amour !* Ce refrain a séduit beaucoup de compositeurs, à commencer par Orlando de Lassus, Bussy (un oublié de Fétis), Josquin des Prés et bien d'autres, qui ont mis cette chanson à quatre voix, y compris un Jacques Lefevre, musicien de la cour de Louis XIII en 1613, d'après les *Essais de Laborde*.

And⁰ con moto
CHANT
PIANO
Las! il n'a nul
mal qui n'a le mal d'a_mour! _mour! La
fil _ _ le du roy est au pied de
la tour, qui pleure et sou_

cresc.
-pi - re, Et mè - ne grand dou - lour...
Las! il n'a nul mal qui
n'a le mal d'a - mour! _mour! Le bon
roy lui dit: ma fil - le, qu'a - vez-

-vous? _______ Vou _ lez - vous un ma _
_ ri? Hé _ las, oui, mon sei _ gnoux.. _______
Las! _______ il n'a _______ nul _______
mal qui n'a le mal d'a _ mour! _____

Une version recueillie dans la Drôme, et qui semble plus moderne que les autres, est assez curieuse, le dénouement est complètement changé.

N'a bien resté six ans passés
Que personn' ne l'a visitée,
Mais au bout de six ans passés,
Son père la vint visiter.

« Bonjour, ma fill', comment qu'ça va ?
— Mon cher papa, ça va très mal,
J'ai mon côté rongé des vers,
Et mes deux pieds chargés de fers.

— Mon cher papa, si vous aviez
Cinq ou six sous à me donner,
Je les donn'rais au geôlier,
Qu'il me déchaînerait les pieds.

— Vraiment, ma fille, nous en avons
Des mille, aussi des millions,
Des millions pour vous donner,
Si vos amours voulez quitter.

— Avant d'quitter mes bell's amours,
J'aim' mieux mourir dedans la tour.
— Tu y mourras, tu'y pourriras,
Jamais personn' t'en sortira. »

Son cher amant passait par là,
Un mot de lettre il lui jeta :
« Faites ce que la lettre dit,.
Vous en serez bientôt sorti.

« Faites la morte au vendredi,
Qu'on vous enterre au samedi. »
Le prêtre va devant chantant,
Son père cruel après, pleurant.

Son cher amant, passant par là,
N'a demandé : « Qu'est tout cela ?
— C'est votre amie Louison,
Qui en est mort, dans la prison.

— Si c'est ma mie que vous portez,
Permettez-moi de l'embrasser. »
Sitôt l'a pris', l'a embrassée,
Dans son carross l'a emportée.

Le père crie à haute voix :
« Parents, prenez exemple à moi,
Car toute fill' qui veut aimer,
On ne peut pas lui empêcher. »

Enfin vient une version recueillie en Normandie ; elle se rapproche considérablement de la précédente comme texte, l'air est autre :

Les couplets de la fin sont :

Le fils du roi vint à passer,
Un p'tit billet lui fut jeté :
« Faites la morte, ensevelie,
Que l'on vous porte à Saint-Denis. » } (bis)

Ell' fit la morte, ensevelie,
On la porta-z-à Saint-Denis.
Plus d'cinq cents prêtr's autant d'abbés)
Pour conduire la belle enterrer.   ) (bis)

Le fils du roi vint à passer :
« Morte ou vivante, j'l'embrasserai ! »
— S'elle est vivant', vous la-z-aurez, } (bis)
S'elle est morte, l'embrasserez. »

Il prit ses petits ciseaux fins
Pour découdre le drap de lin ;
La bell' se mit à remuer,
Et tous les prêtres à chanter :
« Que voilà-z-un tour bien joué. »   (bis)

La *Pernette* se rencontre dans l'Auvergne, le Dauphiné, le Lyonnais, la Charente, le Languedoc, la Bretagne, et probablement dans d'autres provinces, ce que je n'ai pas eu occasion de constater.

Si des curieux ou des chercheurs insatiables ne sont pas encore complètement satisfaits sur *la Pernette*, ils trouveront dans l'intéressante brochure de M. G. Doncieux (1) des développements curieux sur cette chanson, tout particulièrement au point de vue de la linguistique.

(1) G. Doncieux, *La Pernette, Origine et restitution critique d'une chanson populaire romane.* Paris, 1891, extrait de la *Romania*.

All^tto moderato
CHANT.
PIANO
La
Per_net_te se lè_ve, tra la la la la la, tra la la la, landeri_
_ra,____ La Per_net_te se lè_ve Deux heu_res d'a_vant
rall. a tempo
jour, deux heures d'a_vant jour,_____ deux heu_res d'a_vant jour._____

2

Y'prend sa quenouillette,
Tra la la la la la, tra la la la,
Landerira,
Y prend sa quenouillette,
Son joli petit tour. (*ter*)

3

A chaqu'tour qu'elle file,
Tra la la la la la, tra la la la,
Landerira,
A chaqu'tour qu'elle file,
Sa mère vient, lui demand' :
Pernette, qu'avez-vous? (*ter*)

4

Av'-vous mal à la tête?
Tra la la la la la, tra la la la,
Landerira,
Av'-vous mal à la tête,
Ou bien le mal d'amour? (*ter*)

5

Je n'ai pas l'mal de tête,
Tra la la la la la, tra la la la,
Landerira,
Je n'ai pas l'mal de tête,
Mais bien le mal d'amour. (*ter*)

6

Ne pleure pas, Pernette,
Tra la la la la la, tra la la la,
Landerira,
Ne pleure pas, Pernette,
Nous te mariderons. (*ter*)

7

Te donnerons un prince,
Tra la la la la la, tra la la la,
Landerira,
Te donnerons un prince,
Ou le fils d'un baron. (*ter*)

8

Je ne veux pas de prince,
Tra la la la la la, tra la la la,
Landerira,

**Je ne veux pas de prince,
Ni de fils d'un baron. (*ter*)**

9

Je veux mon ami Pierre,
Tra la la la la la, tra la la la,
Landerira,
Je veux mon ami Pierre,
Qui l'est dans la prison. (*ter*)

10

Tu n'auras pas ton Pierre,
Tra la la la la la, tra la la la,
Landerira,
Tu n'auras pas ton Pierre,
Nous le pendolerons. (*ter*)

11

Si vous pendolez Pierre,
Tra la la la la la, tra la la la,
Landerira,
Si vous pendolez Pierre,
Pendolez-moi-z-aussi. (*ter*)

12

Au chemin de Saint-Jacques,
Tra la la la la la, tra la la la,
Landerira,
Au chemin de Saint-Jacques
Enterrez-nous tous deux. (*ter*)

13

Couvrez Pierre de roses,
Tra la la la la la, tra la la la,
Landerira,
Couvrez Pierre de roses,
Et moi de mille-fleurs. (*ter*)

14

Des pèlerins qui passent,
Tra la la la la la, tra la la la,
Landerira,
Les pèlerins qui passent
Prieront Dieu pour nous deux. (*ter*)

CHAPITRE SIXIÈME

Chansons satiriques,

burlesques et grivoises

Chansons satiriques, burlesques et grivoises

La satire paraît avoir un charme tout particulier pour l'homme ; en cherchant bien, on la trouverait chez toutes les anciennes nations.

Les Grecs ne négligeaient point ce genre de poésie, et quant aux Romains, le jour du triomphe d'un général sorti vainqueur d'une bataille, n'y avait-il pas les insulteurs qui lui criaient de toutes leurs forces les méfaits qu'il avait pu commettre dans sa vie ? Puis, ces mêmes Romains avaient encore leurs *folies fescenniennes,* où l'on ridiculisait le triomphateur en vers...Quel est le peuple qui oserait faire cela de nos jours ?

La satire est née de bonne heure chez les Français, on peut même dire qu'elle est née avec la poésie en France. Le Roux de Lincy (1) parle de satires latines du XIe siècle, contre Jean, favori de l'archevêque de Tours ; plusieurs autres furent composées contre Landri, comte d'Auxerre, qui par ses intrigues causa le divorce du roi Robert et de la reine Constance. Ces diatribes n'existent qu'en latin, et pour que le peuple de Tours ait chanté les premières (celles contre Jean) dans les carrefours et les rues de Tours, il faut admettre d'abord que ces chansons avaient été traduites en langue vulgaire. Cette vogue n'aurait sans cela pu durer et se continuer par les jongleurs.

Le pauvre roi Charles VI, étant devenu fou, ne pouvait plus gouverner son royaume. En 1395, les faiseurs de libelles et de satires profitèrent de cette situation pour répandre plus que jamais leurs écrits venimeux. Il fallut réprimer ces abus, et il parut l'ordonnance suivante : « Soit crié de par le Roy, etc. Nous deffendons à tous dicteurs, faiseurs de dits et de chansons, et à tous autres menestriers de bouches, et recordeurs de dits, qu'ils ne facent, dyent ne chantent en places ni ailleurs aucuns dits, rymes ne chansons qui facent mention du Pape, du Roy notre seigneur, de nos dits seigneurs de France, au regard de ce qui touche le fait de l'union de l'eglise, ni les voyages qu'ils ont faits ou feront pour cause de ce, sous peine d'amende volontaire, et d'estre mis en prison deux mois, au pain et à l'eau (1), etc. »

M. Le Roux de Lincy reproduit aussi trois pièces de la fin du XVe siècle, quand

(1) *Recueil des Chants historiques français,* Introduction.

les Anglais furent obligés d'évacuer la France et de nous délivrer de leur odieuse
présence :

> Comment voy-je les anglais esbahis !
> Resjoys-toi, franc royaume de France,
> On apperçoit que de Dieu sont haïs,
> Puisqu'ils n'ont plus couraige ne puissance, etc.

Ce sont là des documents rimés, qu'on ne chantait pas. Le peuple a dû certainement faire des chansons dans le même sens, mais comme cela ne s'écrivait
point, ces chants ne nous sont point parvenus.

Quant aux sujets des satires populaires, ce sont particulièrement des rivalités
de village à village, parfois aussi quelque esclandre amoureux, qui les faisaient
naître, et vivre jusqu'à ce qu'une aventure nouvelle les ait mises au rancart. Dans
les *Contes d'Eutrapel* (1) on rencontre cette phrase : « Il en fut bâti une chanson
mondaine qui trotta par tout le monde. »

Ce qu'on appelle *Chansons de la Fronde* ou *Mazarinades* sont des libelles
qu'on ne lisait guère (on n'en avait pas le temps), et qu'on chantait encore moins,
parce que ce n'étaient pas des chansons. Quoique j'aie déjà donné une *mazarinade*
dans la Préface (page XXXV), en voici une autre, pour avoir le cœur net : *La
chanson des Barricades de Paris, composée par six harengères, sur le chant
« Laire lan laire »*

> Comme ensemble buvaient,
> L'une l'autre se disaient :
> Parlons un peu des affaires.
> Laire lan laire, etc.
>
> Une vendeuse de sel
> Dit que Monsieur de Broussel
> Nous était fort nécessaire.
> Laire lan laire, etc.

(1) *Les Contes et Discours d'Eutrapel,* par Du FAIL, seigneur de la Herissaye, 1549.

Pour le peuple supporter,
Fut en prison arrêté ;
Mais il n'y demeura guère,
Laire lan laire, etc.

Chacun se mit en devoir
Pour afin de le r'avoir,
Montrant ce qu'il savait faire,
Laire lan laire, etc.

Car les bourgeois animés
Aussitôt se sont armés
Par une façon guerrière.
Laire lan laire, etc.

Toutes les chaînes on tendit,
Et les barricades on fit,
Témoignant notre colère.
Laire lan laire, etc.

Les soldats, épouvantés
De se voir si bien traités,
Tournèrent le cul en errière
Laire lan laire, etc.

Aussi les Colin Tampon
Étaient froids comme glaçons,
Car ils ne croyaient plus boire,
Laire lan laire, etc.

Ils étaient bien étonnés
Qu'à coups de pavés
On cassait leur sermonière,
Laire lan laire, etc.

Et dessus la Meilleraye
On faisait voler les grès,
Les bâtons, aussi les pierres.
Laire lan laire, etc.

Et aussi le chancelier
En eût eu plus d'un millier,
Mais il passa la rivière.
Laire lan laire, etc.

Mais ils ont, pour se venger,
Voulu assiéger premier,
Mais ils n'y gagneront rien,
Laire lan laire, etc.

Bien voir qu'au commencement
Nous ayons quelque tourment,
Nous sortirons de misère,
Laire lan laire, etc.

Crions tous de vive voix :
Vive Louis notre roy,
Aussi Monseigneur son frère,
Laire lan laire, etc.

Puis crions pareillement :
Vive notre Parlement,
Qui sont nos seigneurs et pères.
Laire lan laire, etc.

Depuis Louis XIII jusqu'à la Révolution, des satires et des chansons satiriques ont été composées par centaines : on n'en permettait pas l'impression, le Roi, la Reine, tous les personnages de la Cour y étaient malmenés, mais surtout les dames : on y raconte leurs amours suspectes d'une façon tellement gauloise qu'il est difficile de les reproduire, quoiqu'on l'ait fait de nos jours (1).

Il était de bon ton sous Louis XIV, et surtout sous Louis XV, que tout grand seigneur eût sa collection de *Noëls de Cour ou Chansons historiques* avec les airs notés. Les petits seigneurs, voulant imiter les grands, avaient aussi leur collection, mais sans les airs, cela coûtait moins cher. Les belles collections vont jusqu'à dix ou douze volumes in-quarto, et devaient coûter un certain prix. Sous la régence du duc d'Orléans, où la morale était médiocrement maintenue en France, le Régent ne la pratiquant guère lui-même, on joua *Inès*, une tragédie de La Motte, dont la parodie fit ses choux gras : cela s'appelait les *mirlitons*.

Les marchandes du Palais, ayant inventé en 1723 une nouvelle espèce de

---

(1) Voir le *Recueil de Maurepas*, publié à Leyde, 1865, 6 vol. — également : E. RAUNIÉ, *Chansonnier historique du* XVIIIe *siècle*, Paris, 1880, 9 vol. — Puis encore les frères Gébéodé, *Bibliothèque facétieuse.*

coiffure de gaze, et lui ayant donné le nom de *mirliton*, ce mot servit bientôt de refrain à une chanson du *Pont-Neuf*, dont l'air devint fameux par tous les couplets qu'il produisit.

Le prévôt de Versailles, ennuyé de n'entendre que ce refrain, s'étant avisé de le défendre, cette défense ne fit qu'animer les poètes, au point qu'il en parut dès le lendemain contre lui, et peu de jours après contre la plupart des dames de la Cour, que l'on soupçonnait d'avoir exigé la défense ; et de là sur toutes sortes de sujets et de personnes, de quelque rang qu'elles fussent. La tragédie d'*Inès* de La Motte, ayant paru dans le fort de cette effervescence, on crut que c'était assurer la réussite de la critique de cette pièce que de la mettre sur cet air-là. L'auteur ne s'y trompa point ; on la chanta aux *Italiens*, où elle attira la foule. Ce qui fit, dit-on, si grand peur à La Motte, qu'après avoir obtenu qu'elle ne serait pas imprimée à Paris, ses amis envoyèrent un exprès à Bruxelles, pour en arrêter l'édition qu'on prétendait s'en être faite en Hollande.

On ne saurait pourtant disconvenir que cette parodie n'ait dû une grande partie de son succès à l'air sur lequel elle a été faite, et qui était alors si fort à la mode, qu'on ne chantait que des *mirlitons*, et que ce nom fut même donné à des *louis d'or* qui furent frappés dans cette année. (*Pièces intéressantes*, publiées par de La Place, tome II.)

Cette parodie sur *Inès* débute ainsi :

J'ai dit plus haut que les rois n'étaient pas plus épargnés que les personnes de la Cour dans les *Ponts-Neufs*. Sous Louis XIV, qui n'était pas aussi endurant que son successeur, on se passait les chansons en cachette, très en cachette, car on s'exposait à plusieurs mois à la Bastille. Sous Louis XV, plus tolérant, on risquait moins, et dans le temps où le roi était au mieux avec Mme de Mailly, on chantait le couplet suivant sur l'air du *Prévost des marchands* :

Ces noëls satiriques restaient dans une sphère spéciale, principalement parmi les personnes qui fréquentaient la Cour et leur propre entourage, cela n'arrivait pas jusqu'au peuple.

Sur la fin du règne de Louis XV, le duc de Richelieu, qui avait beaucoup de succès auprès des dames, donna lieu au couplet suivant, pour avoir engagé sa plaque de diamants, afin de subvenir aux dépenses de la Maupin :

> Judas vendit Jésus-Christ,
> Et s'en pendit de rage ;
> Richelieu, plus fin que lui,
> N'a mis que le Saint-Esprit
> *En gage, en gage* (1).

En Algérie, sous Louis-Philippe, lors d'une surprise très matinale faite par l'ennemi, le général Bugeaud avait, dans son empressement de monter à cheval, planté son képi sur son casque à mèche, et repoussé l'attaque dans ce costume. Le lendemain, les zouzous chantèrent sur un air de clairon :

> As-tu vu la casquette, la casquette,
> As-tu vu la casquette du père Bugeaud ?

(1) *Notes pour l'histoire de la chanson*, par V. Lespy, 1861, p. 84.

La Belle Bourbonnaise

Les paroles de cette chanson auront été faites bien certainement par quelque poète sorti du peuple, qui ne courait pas après les rimes riches. Cette coupe de vers n'est d'ailleurs pas très fréquente dans la chanson populaire : trois rimes féminines suivies d'une masculine.

Cette chanson est antérieure aux triomphes de la Du Barry, à laquelle Louis XV jeta le mouchoir quand elle n'était que Jeanne Gomard de Vaubernier, fille d'une couturière et d'un receveur des deniers publics à Vaucouleurs.

La chanson paraît avoir été faite primitivement à l'adresse d'une petite gueuse qui, sans doute après une jeunesse orageuse, était morte dans la misère, vieille histoire toujours nouvelle. D'anciens exemplaires ont pour titre *le Libera de la Bourbonnaise*.

Ces couplets, très parisiens, eurent un regain de nouveauté lors des faveurs de la comtesse Du Barry (1), quoique ne s'appliquant pas bien exactement à cette dernière, qui n'est pas morte dans le besoin, mais qui était riche, même après le vol de ses diamants, et qui fut guillotinée en 1793.

On sait que Jeanne d'Arc naquit près de Vaucouleurs : quel singulier rapprochement avec la Du Barry, et elles s'appelaient Jeanne toutes les deux !... Mais leur place dans l'histoire n'est pas la même, heureusement pour Jeanne d'Arc !

Les chroniques scandaleuses rapportent que Mme de Grammont, ayant espéré la succession de Mme de Pompadour et se la voyant enlevée par une provinciale de peu, s'en vengea en commandant des chansons satiriques, que son frère le duc de Choiseul, ministre alors, semblait ne pas connaître, car il ne donna point d'ordre pour les supprimer. La plupart étaient très ordinaires ; la suivante, attribuée au duc de Nivernais, peut se lire :

> Lisette, ta beauté séduit
> Et charme tout le monde ;
> En vain la bourgeoise gémit
> Et la duchesse en gronde :
> Chacun sait que Vénus naquit
> De l'écume de l'onde.

Il existe une chanson sur la Du Barry, mais celle-là faite de son temps : *La nouvelle Bourbonnaise*.

> La Bourbonnaise,
> Arrivant à Paris,
> A gagné des louis,
> La Bourbonnaise
> A gagné des louis
> Chez un marquis.

(1) On croit que la chanson de la Bourbonnaise a été ressuscitée parce que Mme Du Barry était la maîtresse d'un Bourbon.

Pour apanage
  Elle avait la beauté,
Elle avait la beauté
Pour apanage ;
Mais ce petit trésor
  Lui vaut de l'or.

Etant servante
Chez un riche seigneur,
Elle fit son bonheur,
Quoique servante ;
Elle fit son bonheur
  Par son humeur.

Toujours facile
Aux discours d'un amant,
Ce seigneur la voyant
  Toujours facile,
Prodiguait les présens
De temps en temps.

De bonnes rentes
Il lui fit un contrat ;
Il lui fit un contrat
De bonnes rentes :
Elle est dans la maison
  Sur le bon ton.

De paysanne
Elle est dame à présent ;
Elle est dame à présent,
  Mais grosse dame,
Porte des falbalas
  Du haut en bas.

En équipage
Elle roule grand train ;
Elle roule grand train
  En équipage
Et préfère Paris
  A son pays.

Elle est allée
Se faire voir en cour ;
Se faire voir en cour
  Elle est allée.
On dit qu'elle a, ma foi,
  Plu même au Roi.

Fille gentille,
Ne désespérez pas ;
Quand on a des appas,
  Qu'on est gentille,
On trouve tôt ou tard
  Pareil hasard.

Cette chanson, qui ne vaut pas l'autre, ne paraît pas avoir fait fortune ; je n'ai même jamais pu en retrouver l'air, qui ne peut être celui de la chanson connue, la coupe des vers et le rythme en sont tout différents.

La première notation de l'air de *la Bourbonnaise*, que je connaisse du moins, se trouve dans un recueil gravé en 1776 : *Les soirées espagnoles, ou choix d'ariettes d'opéra comiques et autres avec accompagnement de guitarre, menuets et allemandes par M. Vidal, maître de guitarre.*

Louis XV étant mort, on craignit moins que jamais de chansonner sa maîtresse en titre. Dans le volume que je viens de citer, cet air apparaît à l'état de contredanse : on sait que plusieurs de nos chansons populaires ont été paroliées sur des airs à danser. Celui de la *Bourbonnaise* est trop musical, trop pimpant, trop développé pour avoir une origine populaire

D'après tout cela, la *Clé du Caveau* commet une erreur, en disant que cet air est *d'origine italienne.*

Auber a placé l'air de la *Bourbonnaise* dans son opéra-comique *Manon Lescaut ;* madame Cabel y avait un grand succès.

La Belle Bourbonnaise

bel_le Bourbon_nai_se, La mai_tres_se de Blai_se, Est
très mal à son ai___se, Elle est sur le gra_bat.
Ah! ah! ah! ah! ah! ah! ah! ah! ah! ah! ah! ah! ah! Est
très mal à son ai__se, Elle est sur le gra_bat _bat.
f
Pour finir
f
mf

2

N'est-ce pas grand dommage
Qu'une fille aussi sage, (*bis*)
Au printemps de son âge,
Soit réduite au trépas ?
Ah ! ah ! ah ! ah ! ah ! ah ! ah !
La veille d'un dimanche,
En tombant d'une branche,
Se fit mal à la hanche,
Et se démit le bras :
   Ah ! ah ! ah ! ah !
Se fit mal à la hanche
Et se démit le bras.

3

On chercha dans la ville
Un médecin habile, (*bis*)
Pour guérir cette fille....
Il ne s'en trouva pas,
Ah ! ah ! ah ! ah ! ah ! ah ! ah !
On mit tout en usage,
Médecine et herbage,
Bon bouillon et laitage :
Rien ne la soulagea,
   Ah ! ah ! ah ! ah !
Bon bouillon et laitage,
Rien ne la soulagea.

4

Voilà qu'elle succombe,
Elle est dans l'autre monde ; (*bis*)
Puisqu'elle est dans la tombe,
Chantons son *Libera* :
Ah ! ah ! ah ! ah ! ah ! ah ! ah !
Soyons dans la tristesse,
Et que chacun s'empresse,
En regrettant sans cesse
Ses charmes, ses appas.
   Ah ! ah ! ah ! ah !
En regrettant sans cesse
Ses charmes, ses appas.

5

Pour qu'on sonnât les cloches
On donna ses galoches, (*bis*)
Son mouchoir et ses poches,
Ses souliers et ses bas :
Ah ! ah ! ah ! ah ! ah ! ah ! ah !
Quant à sa sœur Javotte,
On lui donna sa cotte,
Son manteau plein de crotte,
Le jour qu'elle expira !
   Ah ! ah ! ah ! ah !
Son manteau plein de crotte,
Le jour qu'elle expira.

6

En fermant la paupière,
Ell'finit sa carrière, (*bis*)
Et sans draps et sans bière
En terre on l'emporta,
Ah ! ah ! ah ! ah ! ah ! ah ! ah !
La pauvre Bourbonnaise
Va dormir à son aise,
Sans fauteuil et sans chaise,
Sans lit et sans sopha,
   Ah ! ah ! ah ! ah !
Sans fauteuil et sans chaise,
Sans lit et sans sopha.

La Belle s'en va au Moulin

Cette joyeuse chanson gauloise était connue dès la fin du XVIe siècle, où on l'impri·
mait (voir *La Fleur des plus belles chansons*). M. le baron de Meusebach l'a reproduite
en 1835, dans une brochure contenant *Six anciennes chansons françaises*, tirées à
24 exemplaires. Quant à l'air, je l'ai cueilli à Elbeuf en 1853. Il n'est pas aussi ancien que
le texte, tant s'en faut, mais je n'en connais pas d'autre ; le vrai doit être disparu depuis
plus d'un siècle. En ce qui regarde l'histoire de l'âne, plusieurs chansonniers modernes
l'ont conservée, avec des variantes fort éloignées du texte primitif.

La Fleur des chansons amoureuses, recueil paru en 1600, et réédité par Mertens à
Bruxelles, 1860, a une version dans laquelle l'histoire de l'âne a disparu :

> A Andely-sur-Seine,
> Trois moulins y'avait, moulinet,
> Le meusnier qui les meine
> Tant brave il était, moulinet,
> Moulinet, moulinet, engraine.
> Moulinet, engraine-moy.
>
> Le meunier qui les meine
> Tant brave il était, moulinet,
> De jartièr's de soie
> Ses chausses liait, moulinet.
> Moulinet, etc.
>
> De jartièr's de soie
> Ses chausses liait, moulinet,
> Et par icy si passe
> La fille d'un roi, moulinet,
> Moulinet, etc.

La fille du roi offre sa chambrière pour prix de la monture au meunier, mais celui-ci
préfère la maîtresse, *moulinet*.

Dans l'une des versions modernes que je possède, il y a la description de l'âne :

> Mon âne a les quatre pieds blancs,
> Les deux oreilles à l'avenant,
> Le bout de la queue blanche,
> La bsingle, la bsingle, la bsingle.
> Le bout de la queue blanche, Catin,
>   Revenant du moulin.

CHANT
PIANO
All^tto mod^to
p
La bel_le s'en va___ au mou_lin,___
Des_sus son â___ne Bau_dou_in,___ Pour ga_gner sa___ mon_
Refrain cres
_tu___re: La don dai_ne, don don, Bel_le Ma_ri_on,
cres
Pour ga_gner sa___ mon_tu___re, A l'om_bre d'un buis___son.

2

Quand le meunier la vit venir,
De rire ne se peut tenir,
Voici Marion et l'âne ;
La dondaine, etc.

3

« Meunier, me moudras-tu mon grain ?
— Eh ! oui, Madam', je le veux bien ;
Vous moudrez la première ; »
La dondaine, etc.

4

Tandis que le moulin moulait,
Le meunier la belle embrassait,
Et le loup mangeait l'âne ;
La dondaine, etc.

5

Hélas ! elle dit : « Beau meunier,
Que maudit en soit le métier,
Le loup a mangé l'âne ;
Le dondaine, etc.

6

— En ma bourse y'a trois testons,
Prenez-en deux, laissez-en un,
Achetez un autre âne ;
La dondaine, etc.

7

La belle s'en va au marché
Pour là un autre âne acheter ;
Acheta une ânesse :
La dondaine, etc.

8

Quand son mari la vit venir,
De crier ne se peut tenir :
« Ce n'est pas là notre âne !
La dondaine, etc.

9

— Mari, tu as bu vin nouveau,
Qui t'a fait troubler le cerveau,
As méconnu notre âne :
La dondaine, etc.

10

Voici le joli mois de mai,
Que toutes bêt's changent de poil,
Ainsi a fait notre âne ; »
La dondaine, don don,
Belle Marion,
Pour gagner sa monture,
A l'ombre d'un buisson.

Bon voyage, cher Dumollet

La pièce de théâtre d'où l'on a tiré cette chanson s'appelle le *Départ pour Saint-Malo*, ou la *Suite des trois étages*, folie en un acte, mêlée de couplets par M. *Désaugiers*, représentée pour la première fois sur le théâtre des Variétés Panoramas, le 25 juillet 1809. La chanson de M. Dumollet est le vaudeville final de la pièce, sous cette forme :

VAUDEVILLE

(air : *Bonne fête, Monsieur Denis.*)

Bon voyage,
Cher Dumollet,
A Saint-Malo débarquez sans naufrage ;
Bon voyage,
Cher Dumollet,
Et revenez si ce pays vous plaît.

GENEVIÈVE

P'têt' ben qu'un jour une femme charmante
Vous rendra père aussi vite qu'époux ;
Tâchez c'te fois qu' personne n' vous démente,
Quand vous direz que l'enfant est à vous.

TOUS

Bon voyage, etc.

ANDRÉ

Si vous venez revoir la capitale,
Méfiez-vous des voleurs, des amis,
Des billets doux, des coups de la cabale,
Des pistolets et des torticolis.

TOUS

Bon voyage, etc.

DUMOLLET

Allez au diable, et vous et votre ville
Où j'ai souffert mille et mille tourments.

AU PUBLIC

Il vous serait cependant bien facile
De m'y fixer, Messieurs, encor longtemps ;
  Pour vous plaire, je suis tout prêt
A rétablir ici mon domicile.
  Faites connaître à Dumollet
S'il doit rester ou faire son paquet.

TOUS

  Pour plaire le voilà prêt
A rétablir ici son domicile ;
  Faites connaître à Dumollet
S'il doit rester ou faire son paquet.

On voit que la chanson qui nous est restée n'est pas tout à fait cela, et même que nous n'avons plus que les quatre vers du refrain.

Est-ce Désaugiers lui-même qui a fait la nouvelle version, tout empreinte d'ailleurs de l'idée du vaudeville original, ou bien est-ce un confrère chansonnier à qui nous devons la transcription connue ?

La réponse est d'autant moins facile que la chanson de *M. Dumollet* n'a pas été reproduite dans le recueil des chansons de Désaugiers.

Quant au timbre *Bonne fête, Monsieur Denis*, quoique déjà de seconde main, il n'est certainement pas ancien, fin du XVIIIe siècle tout au plus.

_fra _ ge, Bon voy _ a _ ge, cher Du_mol _ let, Et re _ ve_
FIN 1er Couplet
_nez si ce pa_ys vous plait   Là vous ver _ rez, les deux mains dans les
po _ ches, Al_ler, ve _ nir des sa_ges et des fous, Des gens bien
faits, des tordus, des ban _ cro_ches, Nul ne se _ ra jambé si bien que vous.
très lent

2

Des polissons vous feront bien des niches,
A votre nez riront bien des valets ; .
Craignez surtout les barbets, les caniches,
Car ils voudront caresser vos mollets.
      Bon voyage, etc.

3

L'air de la mer peut vous être contraire,
Pour vos bas bleus les flots sont un écueil ;
Si ce séjour venait à vous déplaire,
Prévenez-nous avec bon pied, bon œil ;
      Bon voyage, etc.

Les Bossus

L'auteur des paroles est un descendant du célèbre-poète Santeuil, qui a composé tant de belles hymnes latines. Ce descendant de Santeuil vivait au milieu du xviiie siècle ; il était bossu, et l'on voit qu'il se moque allègrement de sa bosse.

L'air, dont on ne connaît pas l'auteur, était très en vogue du vivant du poète ; il n'est guère plus ancien que lui.

-çu De l'a_gré_ment qu'on a d'ê_tre bos_su.
Po_li_chi_nelle en tous lieux si con nu,
Tou_jours ché ri, par_tout si bien ve__nu,
Qu'en eut-on dit s'il n'eut é_té bos_su?

2

Loin qu'une bosse soit un embarras,
De ce paquet on fait un fort grand cas.
Quand un bossu l'est derrière et devant,
Son estomac est à l'abri du vent,
Et ses épaules sont plus chaudement.

3

On trouve ici des gens assez mal nés
Pour s'aviser d'aller leur rire au nez ;
Ils l'ont toujours aussi long que le bec
De cet oiseau qu'on trouve à Québec (1),
Et leur babil inspire le respect.

4

Tous les bossus ont ordinairement
Le ton comique et beaucoup d'agrément ;
Quand un bossu se montre de côté,
Il règne en lui certaine majesté,
Qu'on ne peut voir sans en être enchanté.

5

Si j'avais eu les trésors de Crésus,
J'aurais rempli mon palais de bossus ;
On aurait vu près de moi, nuit et jour,
Tous les bossus s'empresser tour à tour
De montrer leur éminence à ma cour.

6

Dans mes jardins sur un beau piédestal
J'aurais fait mettre un Esope en métal,
Et par mon ordre, un de mes substituts
Aurait gravé près de ses attributs :
Vive la bosse et vivent les bossus !

7

Concluons donc, pour aller jusqu'au bout,
Qu'avec la bosse on peut passer partout ;
Qu'un homme soit fantasque ou bourru,
Qu'il soit chassieux, malpropre, mal vêtu,
On le distingue alors qu'il est bossu.

(1) Un dindon.

Cadet Rousselle

D'après un article paru dans la *Patrie* en 1869, et signé de Mme Alice Bahr, Cadet Rousselle n'était pas un personnage fictif, il aurait même fait figure dans la société.

Mme Bahr dit que la chanson de *Cadet Rousselle* n'est que la charge, et non la légende de Cadet Rousselle.

Plusieurs années plus tard, dans le même journal, M. F. Delaunay a publié de nouveaux renseignements sur ce personnage, en nous disant que la chanson nous est venue du Brabant en 1790. Enfin, comme dernier renseignement, Cadet Rousselle se trouvait à Cambrai, à l'état de pauvre hère, et c'est M. Durieux qui raconte cette suite et fin, dans le 30e volume des *Mémoires de la Société d'Émulation de Cambrai.* M. Durieux croit aussi que cette chanson vient du Brabant, tout armée, c'est-à-dire l'air et les paroles.

J'avoue que je ne suis pas de cet avis : c'est une chanson parodiée sur celle de Jean de Nivelle par quelque poète ou chansonnier populaire, et ajustée sur un air de contredanse, composé durant les vingt ou trente dernières années du xviiie siècle. La chanson est notoirement connue depuis 1792, et c'est à partir de 1801 jusqu'à 1809 que pleuvent les pièces sur Cadet Rousselle, si admirablement jouées par Brunet

On a ajouté nombre de couplets à cette chanson de *Cadet Rousselle* ; j'en possède une version, feuille volante, avec le timbre de la 1re République, tellement ordurière, qu'on ne peut la publier de nos jours.

La résurrection de la chanson de *Jean de Nivelle* sous la forme de *Cadet Rousselle,* après plus de deux siècles d'oubli, est absolument ce qui a eu lieu pour la *chanson sur le Duc de Guise,* remise au jour également après plus de deux siècles, sous la forme de *Malbrough.*

Ca_det Rous_selle a trois mai_sons, Ca_det Rous_
_selle a trois mai_sons, Qui n'ont ni pou_tres ni che_
_vrons, Qui n'ont ni pou_tres ni che_vrons, C'est pour lo_
_ger les hi_ron_del_les,que di_rez vous d'Cadet Rous_sel_le? Ha!

2

Cadet Rousselle a trois habits, (*bis*)
Deux jaunes, l'autre en papier gris ; (*bis*)
Il met celui-là quand il gèle,
Ou quand il pleut et quand il grèle ;
Ah ! ah ! ah ! etc.

3

Cadet Rousselle a trois chapeaux, (*bis*)
Les deux ronds ne sont pas très beaux, (*bis*)
Et le troisième est à deux cornes,
De sa tête il a pris la forme ;
Ah ! ah ! ah ! etc.

4

Cadet Rousselle a trois beaux yeux, (*bis*)
L'un r'garde à Caen, l'autre à Bayeux ; (*bis*)
Comme il n'a pas la vu' bien nette,
Le troisième c'est sa lorgnette ;
Ah ! ah ! ah ! etc.

5

Cadet Rousselle a une épé', (*bis*)
Très longue, mais toute rouillé'. (*bis*)
On dit qu'elle est encore pucelle,
C'est pour faire peur aux hirondelles ;
Ah ! ah ! ah ! etc.

6

Cadet Rousselle a trois souliers ; (*bis*)
Il en met deux à ses deux pieds, (*bis*)
Le troisièm' n'a pas de semelle,
Il s'en sert pour chasser sa belle,
Ah ! ah ! ah ! etc.

7

Cadet Rousselle a trois cheveux, (*bis*)
Deux pour la face, un pour la queue ; (*bis*)
Et quand il va voir sa maîtresse,
Il les met tous les trois en tresse,
Ah ! ah ! ah ! etc.

8

Cadet Rousselle a trois garçons, (*bis*)
L'un est voleur, l'autre est fripon ; (*bis*)
Le troisième est un peu ficelle,
Il ressemble à Cadet Rousselle ;
Ah ! ah ! ah ! etc.

9

Cadet Rousselle a trois gros chiens, (*bis*)
L'un court au lièvr', l'autre au lapin ; (*bis*)
L' troisième s'enfuit quand on l'appelle,
Comme le chien de Jean d' Nivelle,
Ah ! ah ! ah ! etc.

10

Cadet Rousselle a trois beaux chats, (*bis*)
Qui n'attrappent jamais les rats ; (*bis*)
Le troisièm' n'a pas de prunelle,
Il monte au grenier sans chandelle ;
Ah ! ah ! ah ! etc.

11

Cadet Rousselle a marié (*bis*)
Ses trois filles dans trois quartiers ; (*bis*)
Les deux premièr's ne sont pas belles,
La troisièm' n'a pas de cervelle ;
Ah ! ah ! ah ! etc.

12

Cadet Rousselle a trois deniers, (*bis*)
C'est pour payer ses créanciers ; (*bis*)
Quand il a montré ses ressources,
Il les remet dedans sa bourse ;
Ah ! ah ! ah ! mais vraiment !
Cadet Rousselle est bon enfant.

Les Cloches ou le Carillon de Vendôme

L'air des cloches est tellement simple, quoique mélancolique, comme toutes les sonneries de cloches, qu'il est difficile de lui assigner une date quelconque. Cet air ne modulant pas, le peuple a pu le chanter il y a des siècles.

Au temps où le contrepoint représentait aussi bien le style que la science musicale, où les compositeurs ne cherchaient pour la plupart que de froides imitations à quatre ou à cinq voix, la mélodie s'était réfugiée parmi le peuple, qui au xve et au xvie siècle était beaucoup plus mélodiste que les compositeurs de musique.

Tous les habitants de la bonne ville d'Orléans vous affirmeront que l'air des cloches date du temps de Charles VII, qui n'avait d'abord pour tout royaume qu'un petit coin de la France.

Quant aux paroles, je crois que l'intention seule en est ancienne ; même, avant que Brazier le chansonnier citât ce seul et unique couplet (1), je ne l'avais pas vu imprimé. Depuis Brazier, Philipon de la Madeleine a aussi retrouvé l'air et le couplet des cloches, qu'il cite dans son livre *l'Orléanais* : « Le souvenir des malheurs de Charles VII et de l'affection du peuple se retrouve dans ce couplet, avec lequel nos paysannes des hameaux de Villemarceaux et de Cravant bercent et endorment leurs enfants ; l'air est resté, c'est celui du *Carillon de Vendôme.* »

Depuis les recherches et les découvertes de MM. Brazier et Philipon de la Madeleine, la chanson des cloches de Vendôme, au lieu de trois vers, en a quatre. Je donne notées les deux versions ; mais malgré *les nourrices consultées*, je crois toujours que, dans l'ancien temps, cela se chantait de la façon suivante : c'est une version que j'ai trouvée dans un de mes très vieux chansonniers manuscrits :

(1) *Histoire des Petits Théâtres*, par Brazier, Paris, 1837 (chapitre sur les *Sociétés chantantes,* IIe volume).

L'air des cloches a été choisi par maint chansonnier ; voici des couplets tirés d'un volume manuscrit de *Noëls de cour*, se rapportant tous au règne de Louis XIV :

Savoyards, allemands,
Qui vous rend si mécontents ?
— Vendôme, Vendôme.

Eugène, si matin,
Qui vous rend donc si chagrin ?
— Vendôme, Vendôme.

Amédée sans pareil,
Qui vous a gobé Verceil ?
— Vendôme, Vendôme.

Et Verrue, ce grand fort,
Qui décide de son sort ?
— Vendôme, Vendôme.

Turin sera battu,
Car ainsi l'a résolu
— Vendôme, Vendôme.

Buvons au petit-fils
Du grand roi ventre saint-gris,
— Vendôme, Vendôme.

Les Cloches

VARIANTE

Aujourd'hui que reste-t-il
A ce Dauphin si gentil ?
Orléans, Beaugency,
Notre-Dame de Paris,
Vendôme, Vendôme.

Le Curé de Pomponne

A confesse m'en suis allé est une des meilleures chansons de Collé, elle a été très populaire dans son temps, et parut d'abord dans *l'Anthologie* de Monet (1765), dont le 4ᵉ volume a un titre particulier : *Choix de chansons joyeuses, supplément à l'Anthologie, à Paris, à Londres et à Hispahan*, in-8° avec un frontispice de Gravelot.

Cette chanson n'est pas souvent reproduite dans les recueils de la fin du xviiiᵉ siècle, et même on ne la trouve guère dans les chansonniers du xixᵉ, quoique son timbre soit assez souvent cité.

Quant à chercher des origines particulières de cette chanson, je crois qu'on y perdrait son latin, tout au moins son temps : c'est ce qui m'est arrivé. Il existe cependant une monographie du village où Collé place sa chanson : *Notice sur Pomponne-lez-Lagny, par l'abbé Richard, curé de Pomponne*, in-12°, imprimé à Lagny en 1889 ; mais l'auteur ne cite pas la chanson, et il est probable que ce n'est qu'une pure fantaisie du poète Collé.

Ce Pomponne et son curé ont cependant été chansonnés antérieurement. Dans l'un des chansonniers manuscrits de ma bibliothèque (fin du xviiᵉ siècle) il y a :

Cette chanson n'a, du reste, aucun rapport avec celle encore connue aujourd'hui.

M. Bladé, dans ses *Poésies populaires en langue française dans l'Armagnac et l'Agenais*, cite une chanson du *curé de Pompogne :* « village du Lot-et-Garonne, arrondissement de Nérac, canton de Casteljaloux »..... — Malgré l'exactitude de ces détails géographiques, ce n'est certainement pas de là que nous est venue la chanson connue.

On remarquera que, dans la chanson : *Il était une bergère* (1), la pénitence est du même genre, si ce n'est que dans le *Curé de Pomponne* on s'embrasse cinq ou six fois, tandis que la bergère, qui a tué son chaton, n'en a que pour une fois : Collé, qui n'y regardait pas de si près, a été reproduit timidement.

(1) Voir plus loin, chapitre viii.

And.⁰ quasi allegretto
CHANT
PIANO
A con_fes_
Un jour m'en
_se m'en suis al _ _lé
al _ lant con _ fes _ ser ___ Au cu _ré de Pom _ pou _ _
_ne. Il me dit qu'a _ vez _ vous donc fait, la pe _ ti _
_te mi _ gnon _ _ne? _Ah! ___ il m'en

2

Il me dit : Qu'avez-vous donc fait,
  La petite mignonne ?
— Le plus gros péché que j'ai fait
  C'est d'embrasser un homme.
  Ah ! il m'en souviendra,
    La rira,
  Du curé de Pomponne. (*bis*)

3

Le plus gros péché que j'ai fait
  C'est d'embrasser un homme.
— Ma fille, pour ce péché-là,
  Il faut aller à Rome.
  Ah ! il m'en souviendra, etc.

4

Ma fille, pour ce péché-là,
  Il faut aller à Rome.
— Dites-moi, Monsieur le curé,
  Y mènerai-je l'homme ?
  Ah ! il m'en souviendra, etc.

5

Dites-moi, monsieur le curé,
  Y mènerai-je l'homme ?
— Eh ! vous prenez goût au péché,
  Je vous entends, friponne.
  Ah ! il m'en souviendra, etc.

6

Eh ! vous prenez goût au péché,
  Je vous entends, friponne...
Pour ce voyage de piété,
  N'y faut mener personne.
  Ah ! il m'en souviendra, etc.

7

Pour ce voyage de piété,
  N'y faut mener personne,
Embrassez-moi cinq ou six fois,
  Et je vous le pardonne.
  Ah ! il m'en souviendra, etc.

8

Embrassez-moi cinq ou six fois,
  Et je vous le pardonne...
— Grand merci, monsieur le curé,
  La pénitence est bonne.
  Ah ! il m'en souviendra,
    La rira,
  Du curé de Pomponne. (*bis*)

J'ai du bon Tabac

Le tabac (1) était connu par les insulaires des petites Antilles bien longtemps avant son introduction en Europe. C'est à Catherine de Médicis que nous devons le tabac. Vers 1550, les Américains en expédiaient des feuilles en Espagne et en Portugal. Notre ambassadeur à Lisbonne, Jean Nicot, envoya quelques-unes de ces feuilles de tabac à la reine, qui y prit goût, et voilà le point de départ de l'usage du tabac à priser, qui précéda d'assez longtemps celui du tabac à fumer.

Au commencement ce ne furent que les grands seigneurs et les dames de la cour qui possédaient de ces précieuses feuilles de l'île de Tabago. Or, les belles dames (comme les laides) avaient une petite râpe ornementée, qu'elles portaient en guise de châtelaine, avec laquelle on râpait une prise de tabac, au moment de se la fourrer dans le nez. Peu à peu le tabac devint moins rare, et la bourgeoisie put se procurer cette nouveauté. Dans le *Recueil des plus belles chansons et airs de Cour*, de 1714, il y a une pièce de vers sur cette mode de priser du tabac ; en voici trois strophes :

Ah ! la plaisante invention !
Aussi quel singulier usage
De voir et filles et garçons
Prendre à leur entrée en ménage
Une tabatière en don,
La faridondaine, la faridondon,
Qui leur fait perdre leur esprit,
    Biribi,
A la façon de Barbari,
    Mon ami,

Quelle vertu, quelle vertu
D'avoir trouvé ce sot usage!
Pour être partout bien venu,
Il faut tourner sa tabatière
En main de toutes les manières,
La faridondaine, la faridondon,
Et ce sans rime ni raison,
    Biribi,
A la façon de Barbari,
    Mon ami.

Or donc, pour ne rien vous cacher,
Son usage est toute une histoire :
Il faut râper, moucher, cracher,
Même, pour chercher vos mémoires,
Faute de mouchoir, ce dit-on,
La faridondaine, la faridondon,
L'on prend le mouchoir du pays (2)
    Biribi,
A la façon de Barbari,
    Mon ami.

(1) Dans l'*Almanach de l'an II* (1793-1794), le tabac a eu son inscription. Il parfuma le 16 Messidor, prenant la place de sainte Berthe, 4 juillet.
(2) En note il y a : *c'est les doigts.*

L'apparition du tabac fit éclore autan d'écrits, pour et contre, que l'introduction du café, à peu près contemporaine en France. Ce qui est plus difficile à déterminer, c'est l'origine de la chanson *J'ai du bon tabac*. Du Mersan, sans aucune preuve, attribue cette chanson à l'abbé de Latteignant, sans doute parce qu'il prisait, car elle n'est pas dans ses œuvres ; on ignore également de qui sont les couplets ajoutés :

> Ce refrain connu que chantait mon père,
> A ce seul couplet il était borné ;
> Moi je me suis déterminé,
> A le grossir comme mon nez.

Il y a huit autres couplets reproduits dans beaucoup de recueils de chansons.

Quant à l'air, son inventeur est resté inconnu, quoique *la Clé du Caveau* mette *air de Père capucin* (1). Ce dernier air n'a aucun rapport avec *J'ai du bon tabac*. S'il faut absolument donner une date, je crois qu'on peut mettre la naissance de cette chanson entre 1720 et 1730. *Le Théâtre de la Foire*, paru en 1737, donne plusieurs fois *J'ai du bon tabac* comme *timbre ;* il était donc bien connu à cette époque. Malgré cette date authentique, le Conservatoire possède une méthode de vielle par Corrette (1783), où l'on trouve comme exemple, à la page 7, l'air de *J'ai du bon tabac*, mais il est intitulé : air gai, *Père capucin.*

J'ai du bon Tabac

(1) Il a pu exister une chanson commençant par *Père capucin,* dont l'air et les paroles me sont inconnus ; ce n'est en tout cas pas le *Père capucin,* ronde d'enfant très connue, et qui n'a aucun rapport avec *J'ai du bon tabac.*

au _ ras . pas. J'en ai du fin et_ du râ_
p
pé, Ce n'est pas pour ton fi _ chu nez_
mf
J'ai du bon ta _ bac dans ma ta _ ba _ tiè _ re,
cresc.
J'ai du bon ta _ bac, Tu n'en au _ ras pas.

Le départ du Guernadier

Odry, acteur de grand talent, d'une originalité remarquable, fit la fortune des Variétés, qui avait alors une excellente troupe. On a publié plusieurs facéties dont Odry n'a été que le prête-nom : *Trois Messéniennes enrichies de notes*, etc., 1824 (par Montigny) ; — *la Complainte de Clara Wendal*, 1862 (par *Du Mersan*) ; — *les Gendarmes*, en 1820, et le *Départ du Guernadier* ; ces dernières pièces sont d'Odry, qui les chantait dans les entr'actes, tandis que le public étouffait de rire.

Odry était fils d'un cordonnier de Paris.

Ma Fanchon, sois-en bein sûre,
Je ne t'oublierai jamais ;
C'est un amant qui te l'jure,
Et crois bein qu'il n'aura pas
   Le cœur assez
     Barbare,
     Perfide,
     Capable
D'oublier tous tes attraits.

Guernadier, puisque tu quittes
Ta Fanchon, ta bonne ami',
Tiens, voilà quatre chemises,
Cinq mouchoirs, un' pair' de bas :
   Sois-moi toujours
     Fidèle,
     Constant,
     Sincère,
Je ne t'oublierai jamais.

Jean de Nivelle

D'après le *Recueil des plus belles Chansons des Comédiens français*, Caen, 1626.

Jean de Montmorency, seigneur de Nivelle, prit le parti du comte de Charolais contre le roi Louis XI, dans la guerre du *Bien public* (1465). Son père, qui tenait pour le roi, l'ayant inutilement rappelé à son devoir, l'appela *chien*, et voilà l'origine qu'on donne généralement à cette apostrophe de *Chien de Jean de Nivelle* (1).

On peut croire que, parmi les chansons qui virent le jour durant la guerre du *Bien public*, il y en ait eu au moins une qui parla de Jean de Nivelle, mais elle n'est pas venue jusqu'à nous ; celle qui nous reste est du xvii⁰ siècle ; à la rigueur elle pourrait être de la fin du xvi⁰, mais c'est bien douteux. Cette chanson de Jean de Nivelle a paru d'abord dans les *Chansons folastres et prologues tant superlifiques que drolatiques des comédiens françois*, publiées *par le sieur de Bellone à Rouen en 1612.*

Quelques années plus tard nous la trouvons rééditée d'une façon bien plus intéressante, puisqu'il y a l'air noté, dans le *Recueil des plus belles chansons des comédiens françois, en ce comprins les airs de plusieurs ballets qui ont esté faits de nouveau à la Cour. A Caen, chez Jacques Mangeant, 1626.*

(1) Le père de Jean de Nivelle s'était remarié, et comme ses deux fils détestaient leur belle-mère, ils se jetèrent tous les deux dans le parti du duc de Charolais, et se battirent à Montlhéry contre leur roi légitime Louis XI.

Dans les *Noëls de cour ou chansons anecdotes écrits entre 1600 et 1670*, j'ai copié cette variante :

1

Jean de Nivelle est un héros, (*bis*)
Qui n'a ni maîtres ni rivaux (*bis*)
Dans les combats, dans les ruelles :
Connaissez-vous Jean de Nivelle ?
Ah ! ah ! ah ! oui vraiment,
Jean de Nivelle est bon enfant.

2

Jean de Nivelle a trois châteaux, (*bis*)
Trois palefrois et trois manteaux, (*bis*)
Et puis trois lames de flamberge,
Qu'il laisse parfois à l'auberge ;
Ah ! ah ! ah ! etc.

3

Jean de Nivelle a trois cochons, (*bis*)
L'un fait des sauts, l'autre des bonds, (*bis*)
Le troisième monte à l'échelle,
C'est flatteur pour Jean de Nivelle ;
Ah ! ah ! ah ! etc.

4

Jean de Nivelle a trois enfants, (*bis*)
L'un est sans nez, l'autre sans dents, (*bis*)
Et le troisième sans cervelle,
C'est bien dur pour Jean de Nivelle ;
Ah ! ah ! ah ! etc.

5

Jean de Nivelle n'a qu'un chien, (*bis*)
Il en vaut trois, on le sait bien ; (*bis*)
Mais il s'enfuit quand on l'appelle.
Connaissez-vous Jean de Nivelle ?
Ah ! ah ! ah ! etc.

Le cas de cette chanson est le même que celui de *Malbrough*, imitée d'après la chanson du duc de Guise. *Jean de Nivelle* a été enseveli, oublié...... puis, près de deux siècles plus tard, on l'a ressuscité avec paroles et musique nouvelles, scus le nom de *Cadet Rousselle*, en calquant les paroles plus ou moins exactement sur les anciennes, en maintenant la même coupe prosodique, ce qui fait que les paroles de *Jean de Nivelle* peuvent se chanter sur l'air de *Cadet Rousselle*.

On chercherait en vain la chanson de *Jean de Nivelle* dans le recueil de M. de Coussemaker : *Chants des Flamands de France*, dans les *Chansons wallonnes* par Déjardin, dans les *Chants historiques des Flamands* de Becker, etc., ce qui donne le droit de supposer que cette chanson a été faite à Paris, par les soudards de Louis XI, et non à Nivelle même, qu'elle n'a jamais été bien répandue dans cette dernière localité, voire même connue, le seigneur de Montmorency ne l'aurait pas laissé chanter de son vivant : ce ne sont donc pas nos soldats qui la rapportèrent du Brabant, comme le dit Du Mersan, mais ils l'y importèrent peut-être.

Philippe de Commines, dans ses Mémoires, ne parle pas de Jean de Nivelle ; il ne cite pas davantage Jean de Montmorency, quoiqu'il s'étende assez longuement sur la *guerre du Bien public*.

A. Dinaux (1), en parlant de la chanson de Jean de Nivelle, cite un *jacquemart* de bronze qui sonnait les heures, qui les sonne peut-être encore maintenant, au haut de la tour de la collégiale de Sainte-Gertrude, et qu'on appelait *Maître Jean de Nivelle*.

(1) *Les Trouvères brabançons, hainuyers*, etc., Paris, 1863, p. 849.

And^{no} con moto
p
CHANT
PIANO
f
p
Jean de Ni _ velle a
trois en _ fants, Jean de Ni _ velle a trois en _ fants,
Dont il y en ___ a deux ___ mar _ chands,
Dont il y en ___ a deux mar _ chands,

L'autre é - cu - re la - vais - sel - le:
Hay a - vant, Jean de Ni - vel - le,
Hay hay, hay a - vant,
Jean de Ni - velle est un ga - lant.

<table>
<tr><td>

2

Jean de Nivelle a trois chevaux, *(bis)*
Deux sont par vaux et deux par monts, *(bis)*
Et l'autre n'a point de selle ;
Hay, avant, etc.

3

Jean de Nivelle a trois beaux chiens, *(bis)*
Il y en a deux vaut riens, *(bis)*
L'autre fuit quand on l'appelle ;
Hay, avant, etc.

</td><td>

4

Jean de Nivelle a trois gros chats, *(bis)*
L'un prend souris, et l'autre rats, *(bis)*
L'autre mange la chandelle,
Hay, avant, etc.

5

Jean de Nivelle a un valet, *(bis)*
S'il n'est pas beau, il n'est pas laid, *(bis)*
Il embrasse une pucelle ;.
Hay, avant, Jean de Nivelle,
  Hay, hay, hay, avant,
Jean de Nivelle est triomphant.

</td></tr>
</table>

Il est à remarquer que le souvenir de Jean de Nivelle, chez le peuple, s'applique toujours à quelque chose de grotesque ou de burlesque. A Valenciennes on avait anciennement une procession où les compagnies bourgeoises possédaient chacune un *fou* qu'on nommait *Jean de Nivelle*, habillé avec des grelots à son bonnet et à sa jaquette (1).

Les Provençaux ont aussi leur chanson de Jean de Nivelle (2) :

> Jean de Nivello n'avié'n chin
> Que lou mandavo tirar de vin,
> Et li derrobat la cannello,
> Leissetz passar Jean de Nivello,
> Mai, mai, mai cependant
> Jean de Nivell' es bouen enfant.

La chanson de *Jean de Nivelle* a joui pendant des siècles d'une immense popularité ; ce nom finit par qualifier une bêtise naïve, comme par exemple le *Jean de Nivelle* qui courut quand Hercule de Rohan, duc de Montbazon, épousa Marie de Bretagne :

> Un gros homme en son village
> S'est mis dans le cocuage :
> C'est le duc de Montbazon.
> Il crut prendre une pucelle.
> Qu'en dis-tu, Jean de Nivelle ?
> Tout le monde dit que non (3).

Dans le Languedoc il y a non seulement une chanson de *Jean de Nivelle*, mais il y en a une demi-douzaine de versions, publiées par MM. Montel et Lambert (4). La triade, qui est l'originalité de cette chanson, a complètement disparu.

Enfin il y a un certain nombre de renseignements dans les *Bulletins de la Société des compositeurs de musique* (5).

Tandis que le présent volume était à l'impression, il m'est arrivé une brochure très compacte de M. Oscar Colson : *Le cycle de Jean de Nivelle, Liège.* Les lecteurs trouveront dans cet écrit une quantité de choses intéressantes et de recherches curieuses. L'auteur, à tort ou à raison, présente Jean de Nivelle comme un personnage imaginaire, absolument en dehors de l'histoire. Il est devenu un plaisantin, un bouffon, un pantin créé uniquement pour l'amusement du peuple.

(1) *Histoire des Fêtes civiles et religieuses du Nord*, par Mᵐᵉ CLÉMENT-HÉMERY, 1854.
(2) *Chants populaires de la Provence*, recueillis par DAMASE HINARD, Aix, 1862, 2 vol. in-8º.
(3) CH. NISARD, *La Chanson populaire*, 2 vol.
(4) *Chants populaires du Languedoc*, Paris, Maisonneuve, 1880.
(5) *La Chanson de Jean de Nivelle*, par J.-B. WECKERLIN.

La Palisse

Le couplet qu'on fit sur ce grand guerrier disait (1) :

« Eloge remarquable, et qui rappelle que jusqu'à sa dernière heure le vaillant capitaine a combattu (2). »

M. Ampère (3), après avoir cité deux personnages illustres de l'histoire de France, le roi Dagobert et saint Eloi, sur lesquels on a fait des chansons burlesques bien connues, continue : « Il en a été fait de même du vaillant la Palisse : la parodie s'est emparée de sa célébrité. Mais ici le chant composé en son honneur, et qu'on a grossièrement travesti, était sérieux et roulait sur la captivité de François Ier. »

La Clé du Caveau renferme sous le n° 692 une notation de *Monsieur La Palisse*, qui n'est autre que celle du *Théâtre de la Foire*, ayant cependant subi de fortes altérations, ne serait-ce que celle d'être en rythme binaire, au lieu du rythme ternaire de la notation primitive

(1) *La Clef des Chansonniers*, 1717, vol. II, p. 70. Quelques années plus tard, on voit reparaître l'air ci-dessus dans *le Théâtre de la Foire* (1722), même deux fois, avec quelques mesures qui diffèrent, il est vrai, mais cela peut provenir de l'inhabileté du noteur ; les *Parodies du Théâtre italien* le donnent aussi en 1730.

(2) *Chants et Chansons populaires de la France* (1848), Le Roux de Lincy.

(3) *Instructions relatives aux poésies populaires de la France*, 1858.

La phrase musicale : *Il pourra vous réjouir,* n'a jamais pu être chantée par le peuple, tout simplement parce qu'elle est trop difficile, et qu'il faut être musicien pour la dire. Ce travestissement de l'ancien chant ternaire en rythme binaire lui donne un air guilleret que l'ancienne chanson n'avait pas, parce qu'alors ce n'était pas une chanson bouffonne.

Sous la Révolution, on ne trouvait pas les couplets de M. de La Palisse assez salés, et l'on publia :

LE PORTRAIT DE MADAME LA PALISSE.

(même air)

Madame La Palisse danse
Comme une citadelle,
Elle fait la révérence
Au jour comme à la chandelle.

Son mari mourir elle a vu
Sans s'échauffer la bile ;
Si elle eût eu le feu au cul,
Aurait été moins tranquille,

Etc.

On fait grâce du reste aux lecteurs bénévoles.

A cette époque, l'air traînant de *la Clef des Chansonniers* avait vieilli, et on le changea ; l'air de *La vie et mort de M. de la Palisse,* qui sur la feuille volante précède la chanson sur *Madame de la Palisse,* est indiqué : *Oui, j'aime à boire moi* (quelque parodie de contredanse de la fin du xviiiᵉ siècle) ; cet air, celui d'aujourd'hui, est noté au nᵒ 436 de *la Clé du Caveau,* avec ce renseignement : « Air d'une vieille chanson à boire, employé par Désaugiers dans sa chanson du *Gourmand.* »

Le renseignement est original, Désaugiers n'ayant pas fait de chanson *le Gourmand.*

C'est M. Bernard de la Monnaye qui est l'auteur de la chanson antihistorique et antipatriotique de *Monsieur de la Palisse.* On peut la lire dans l'édition in-4ᵒ de ses œuvres.

PIANO
All.tto pas trop vite
Messieurs, vous plait - il d'ou.ïr L'air du fameux La Pa _ lis _ se?
Il pour_ra vous ré _ jou _ ir, Pourvu qu'il vous di _ ver _ tis _ se.
La Pa _ lisse eut peu de bien Pour sou _ te _ nir sa nais _ san _ ce,
Mais il ne man _ qua de rien Dès qu'il fut dans l'a_bon _ dan _ ce.

2

Bien instruit dès le berceau,
Jamais, tant il fut honnête,
Il ne mettait son chapeau,
Qu'il ne se couvrît la tête.
Il était affable et doux,
De l'humeur de feu son père,
Et n'entrait guère en courroux
Si ce n'est dans la colère.

3

Il buvait tous les matins
Un doigt tiré de la tonne,
Et, mangeant chez ses voisins,
Il s'y trouvait en personne.
Il voulait dans ses repas
Des mets exquis et fort tendres,
Et faisait son mardi gras
Toujours la veille des Cendres.

4

Ses valets étaient soigneux
De le servir d'andouillettes,
Et n'oubliaient pas les œufs,
Surtout dans les omelettes.
De l'inventeur du raisin
Il révérait la mémoire ;
Et pour bien goûter le vin,
Jugeait qu'il en fallait boire.

5

Il disait que le nouveau
Avait pour lui plus d'amorce ;
Et moins il y mettait d'eau,
Plus il y trouvait de force.
Il consultait rarement
Hippocrate et sa doctrine,
Et se purgeait seulement
Lorsqu'il prenait médecine.

6

Il aimait à prendre l'air
Quand la saison était bonne,
Et n'attendait pas l'hiver
Pour vendanger en automne.
Il épousa, ce dit-on,
Une vertueuse dame ;
S'il était resté garçon,
Il n'aurait pas eu de femme.

7

Il en fut toujours chéri ;
Elle n'était pas jalouse ;
Sitôt qu'il fut son mari,
Elle devint son épouse.
D'un air galant et badin,
Il courtisait sa Caliste,
Sans jamais être chagrin
Qu'au moment qu'il était triste.

8

Il passa près de huit ans
Avec elle fort à l'aise,
Il eut jusqu'à huit enfants ;
C'était la moitié de seize.
On dit que dans ses amours
Il fut caressé des belles,
Qui le suivirent toujours
Tant qu'il marcha devant elles.

9

Il brillait comme un soleil,
Sa chevelure était blonde ;
Il n'eût pas eu son pareil,
S'il eût été seul au monde.
Il eut des talents divers ;
Même on assure une chose :
Quand il écrivait en vers,
Il n'écrivait pas en prose.

10

En matière de rébus,
Il n'avait pas son semblable ;
S'il eût fait des impromptus,
Il en eût été capable.
Il savait un triolet
Bien mieux que sa patenôtre ;
Quand il chantait un couplet,
Il n'en chantait pas un autre

11

Il expliqua doctement
La physique et la morale,
Il soutint qu'une jument
Est toujours une cavale.
Par un discours sérieux,
Il prouva que la berlue
Et les autres maux des yeux
Sont contraires à la vue.

12

Chacun alors applaudit
A sa science inouïe,
Tout homme qui l'entendit
N'avait pas perdu l'ouïe.
Il prétendit en un mois
Lire toute l'Ecriture,
Et l'aurait lue une fois,
S'il en eût fait la lecture.

13

Par son esprit et son air,
Il s'acquit le don de plaire ;
Le roi l'eût fait duc et pair,
S'il avait voulu le faire.
Mieux que tout autre il savait
A la cour jouer son rôle ;
Et jamais, lorsqu'il buvait,
Ne disait une parole.

14

Lorsqu'en sa maison des champs
Il vivait libre et tranquille,
On aurait perdu son temps
A le chercher à la ville.
Un jour il fut assigné
Devant son juge ordinaire ;
S'il eût été condamné,
Il eût perdu son affaire.

15

Il voyageait volontiers,
Courant par tout le royaume ;
Quand il était à Poitiers,
Il n'était pas à Vendôme.
Il se plaisait en bateau ;
Et, soit en paix, soit en guerre,
Il allait toujours par eau,
Quand il n'allait pas par terre.

16

Un beau jour, s'étant fourré
Dans un profond marécage,
Il y serait demeuré,
S'il n'eût pas trouvé passage.
Il fuyait assez l'excès ;
Mais dans les cas d'importance,
Quand il se mettait en frais,
Il se mettait en dépense.

17

Dans un superbe tournoi,
Prêt à fournir sa carrière,
Il parut devant le roi ;
Il n'était donc pas derrière.
Monté sur un cheval noir,
Les dames le reconnurent :
Et c'est là qu'il se fit voir
A tous ceux qui l'aperçurent.

18

Mais bien qu'il fût vigoureux,
Bien qu'il fît le diable à quatre,
Il ne renversa que ceux
Qu'il eut l'adresse d'abattre.
Au piquet, par tous pays,
Il jouait suivant sa pente,
Et comptait quatre-vingt-dix
Lorsqu'il faisait un nonante.

19

Il savait les autres jeux
Qu'on joue à l'académie,
Et n'était pas malheureux
Tant qu'il gagnait la partie.
On s'étonne sans raison
D'une chose très commune :
C'est qu'il vendit sa maison ;
Il fallait qu'il en eût une.

20

Il choisissait prudemment
De deux choses la meilleure,
Et répétait fréquemment
Ce qu'il disait à toute heure.
Il fut, à la vérité,
Un danseur assez vulgaire ;
Mais il n'eût pas mal chanté,
S'il n'avait voulu se taire.

21

Il eut la goutte à Paris,
Longtemps cloué sur sa couche ;
En y jetant les hauts cris,
Il ouvrait fort bien la bouche,
On raconte que jamais
Il ne pouvait se résoudre
A charger ses pistolets,
Quand il n'avait pas de poudre.

22

On ne le vit jamais las,
Ni sujet à la paresse ;
Tandis qu'il ne dormait pas,
On tient qu'il veillait sans cesse.
C'était un homme de cœur,
Insatiable de gloire ;
Lorsqu'il était le vainqueur,
Il remportait la victoire.

23

Les places qu'il attaquait
A peine osaient se défendre ;
Et jamais il ne manquait
Celles qu'on lui voyait prendre.
Un devin, pour deux testons,
Lui dit d'une voix hardie,
Qu'il mourrait de-là les monts,
S'il mourait en Lombardie.

24

Il y mourut, ce héros,
Personne aujourd'hui n'en doute ;
Sitôt qu'il eut les yeux clos,
Aussitôt il ne vit goutte.
Il fut, par un triste sort,
Blessé d'une main cruelle.
On croit, puisqu'il en est mort,
Que la plaie était mortelle.

25

Regretté de ses soldats,
Il mourut digne d'envie ;
Et le jour de son trépas
Fut le dernier de sa vie.
Il mourut le vendredi,
Le dernier jour de son âge ;
S'il fût mort le samedi,
Il eût vécu davantage.

26

J'ai lu dans les vieux écrits
Qui contiennent son histoire
Qu'il irait en paradis,
S'il n'était en purgatoire.

La mère Michel

La *Clé du Caveau* mentionne le timbre de : *Ah! si vous aviez vu Monsieur de Catinat*, en renvoyant à *Malgré la bataille*. Dans les *Chants et Chansons populaires de la France*, publiés sous la direction de Du Mersan, on donne les paroles de la *Mère Michel*, mais l'air manque ; par contre, il se trouve au Conservatoire dans le recueil manuscrit de vaudevilles, provenant de Blanchard, qui fut chef d'orchestre au théâtre des Variétés, de 1818 à 1829 (1) ; Fétis dit même que, dans cette période de sa carrière, il composa une multitude d'airs de vaudeville pour les pièces nouvelles, et que la plupart de ces airs sont devenus populaires..... (lesquels ?)

L'air de la *Mère Michel* serait-il de ce nombre ? Cela n'est point probable, car en ce cas Henri Blanchard ne l'aurait pas enregistré deux fois sous le titre de *Monsieur de Catinat*, qui, paraît-il, a été le timbre primitif. Il est regrettable que nous ne possédions plus cette chanson de : *Ah ! si vous aviez vu Monsieur de Catinat*, antérieure de pas mal d'années à la bataille de Fontenoy, date à laquelle on reporte la chanson de *Malgré la bataille*, par l'abbé Mangenot. Il y eut un vaudeville de Radet, joué en 1795, le *Chat perdu*, mais il n'y est pas question de la mère Michel, ni de Lustucru, pas plus que dans *Catinat à Saint-Gratien*, autre vaudeville.

L'air de cette chanson est moderne, c'est un enfant du xix⁰ siècle, il en a toute l'allure : les paroles ne sont certainement ni de M. de Chateaubriand, ni de M. de Lamartine, ni de Victor Hugo.

Lustucru semble être un personnage tant soit peu fantastique, dont les contours ne sont pas bien indiqués ; il apparaît sous une multitude de formes différentes, depuis le xvii⁰ siècle jusqu'à nos jours. Ce personnage, plutôt gai que triste, un compère, se prêtant à un calembour chéri du peuple, a su conserver sa popularité :

(1) J'ai acheté du fils de Blanchard, pour le Conservatoire, ce recueil qui se compose de 18 volumes, plus un volume renfermant la table.

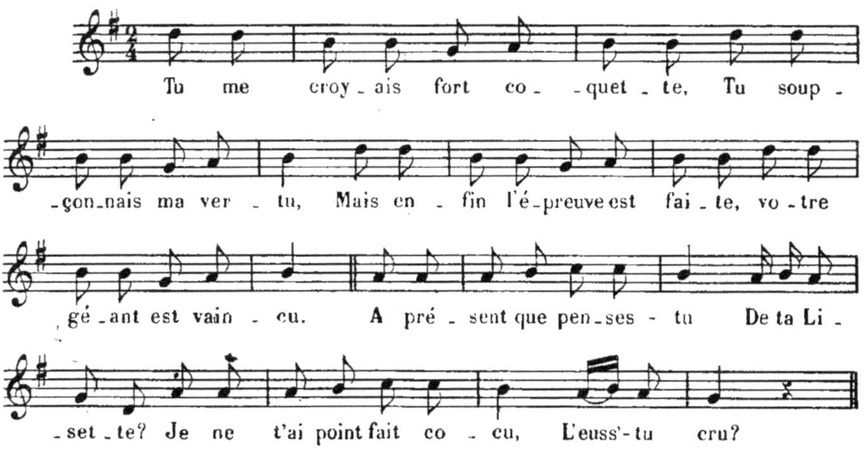

On voit que ce calembour se cultivait déjà en 1731. On cite aussi deux vers du temps de Boileau :

> Et le pauvre Lustucru
> Trouve enfin sa Lustucrue.

La mère Michel

2

C'est la mère Michel
Qui lui a demandé :
Mon chat n'est pas perdu,
Vous l'avez donc trouvé ?
Et l'compèr' Lustucru
Qui lui a répondu :
Donnez un' récompens',
Il vous sera rendu.

3

Et la mère Michel
Lui dit : C'est décidé ;
Rendez-le-moi, mon chat,
Vous aurez un baiser.
Le compèr' Lustucru,
Qui n'en a pas voulu,
Lui dit : Pour un lapin
Votre chat est vendu.

La Chanson de Malbrough

On a beaucoup écrit sur la chanson de *Malbrough* (ou Marlborough) ; malgré cela, il reste encore autant de choses à savoir. Voici d'abord la chanson faite sur la pompe funèbre de François de Lorraine, duc de Guise, assassiné par Poltrot de Méré en 1563 :

2

Qu'est mort et enterré ; (*bis*)
Aux quatre coins du poêle,
Et bon bon bon bon,
Didan, didan, bon,
Aux quatre coins du poêle,
Quat' gentilshomm's y' avait (1).

3

Quat' gentilshom's y' avait, (*bis*)
Dont l'un portait son casque,
Et bon, etc.
Et l'autre ses pistolets.

4

Et l'aut' ses pistolets, (*bis*)
Et l'autre son épée,
Et bon, etc.
Qui tant d'hug'nots a tué.

5

Qui tant d'hug'nots a tué, (*bis*)
Venait le quatrième,
Et bon, etc.
Qui était le plus dolent.

6

Qui était le plus dolent. (*bis*)
Après venaient les pages,
Et bon, etc.
Et les valets de pied.

7

Et les valets de pied, (*bis*)
Avecque de grands crêpes,
Et bon, etc.,
Et des souliers cirés.

8

Et des souliers cirés, (*bis*)
Et des beaux bas d'estame,
Et bon, etc.
Et des culottes de piau.

9

Et des culottes de piau. (*bis*)
La cérémonie faite,
Et bon, etc.,
Chacun s'alla coucher.

10

Chacun s'alla coucher,
Les uns avec leur femme,
Et bon, etc.,
Et les autres tout seuls.

(1) **Dans l'original il y a : N. B.,** *ceci se parle.*

Cette chanson (1) a évidemment été rajeunie comme texte ; et si l'on peut raisonnablement admettre que l'auteur de *Malbrough* se soit servi du patron de la chanson faite en 1563, il n'est pas admissible qu'au xviii⁰ siècle un chansonnier se soit emparé de la chanson de *Malbrough*, pour raconter sur ce même patron un événement triste et véritable de 1563, depuis longtemps oublié.

L'air de la chanson sur le duc de Guise peut être de l'époque où se commit l'assassinat, tandis que la chanson de *Malbrough* est sur un air vif et gai, beaucoup moins ancien ; son commencement pourrait même être un air de chasse du xviii⁰ siècle.

Après la bataille de Malplaquet (1709), quelque loustic de régiment aura fait de pièces et de morceaux cette chanson sur le héros anglais, non pour se venger, mais pour se consoler de la défaite.

Marlborough, malgré sa victoire, ne tarda pas à tomber en disgrâce, et, pendant des années, surtout en France, on n'entendit plus parler de lui ; il n'est mort qu'en 1722.

Le vrai succès de cette chanson date de 1781, alors que la nourrice du Dauphin (2), Mme Poitrine, un nom prédestiné, eut l'honneur de présenter sa poitrine au fils du roi. La nourrice berça donc l'enfant avec la chanson de *Malbrough* ; Marie-Antoinette se plut à la répéter, la Cour en fit autant, puis la chanson se répandit dans la bourgeoisie, et finalement dans le peuple.

Le succès fut énorme, en Angleterre comme en France : la coiffure des dames, les chapeaux, les robes, les chaussures, les voitures, les mets, les pâtisseries, furent à la Malbrough. En 1787, six ans après le *lancement* de cette chanson, sa vogue n'était pas encore éteinte, et Dalayrac la donne, sous forme de ritournelle, dans son opéra de *Renaud d'Ast*, représenté en 1787.

Après une renommée pareille, il n'est pas étonnant qu'on ait rencontré (entre autres M. de Chateaubriand) la chanson de *Malbrough* en Egypte, où les Anglais se préparaient un petit nid longtemps avant l'éphémère conquête de Napoléon (3).

Quelque voyageur parisien, ou un simple ouvrier, ont pu colporter cette chanson en Égypte, comme partout ailleurs. Quand les musiques françaises jouèrent cet air au Caire, les Arabes, les Égyptiens furent extasiés, selon le savant Monge, présent à cette scène. Villoteau nota cet air d'après la diction arabe, c'est le suivant :

Ce thème, écrit ainsi, n'a aucun caractère oriental ; mais on voit sans peine que des Orientaux l'ont tortillé à leur façon d'après notre chanson de *Malbrough*.

(1) *Pièces intéressantes*, etc., par M. DE LA PLACE, Bruxelles, 1785, vol. III.

(2) Ce Dauphin n'était pas l'infortuné Louis XVII, mais un frère aîné, qui mourut en 1783.

(3) On dit que ce grand guerrier, qui ne chantait guère, entonnait parfois la chanson de *Malbrough*, en montant sur son cheval de bataille.

CHANT
PIANO
Allᵗᵗᵒ moderato
très rythmé
mf
p
Mal _ brough s'en va - t - en
guer _ re, Miron _ tou ton ton, miron _ tai _ ne, Mal _ brough s'en va-t-en
guer _ re, Ne sais quand re _ vien _ dra, Ne sais quand re _ vien _
_dra Ne sais quand re _ vien _ dra?..
mf
p

2

Il reviendra z'à Pâques,
Mironton ton, ton, mirontaine,
Il reviendra-z-à Pâques
Ou à la Trinité. (*bis*)

3

La Trinité se passe,
Mironton ton ton, mirontaine,
La Trinité se passe,
Malbrough ne revient pas. (*bis*)

4

Madame à sa tour monte,
Mironton ton ton, mirontaine,
Madame à sa tour monte,
Si haut qu'elle peut monter. (*bis*)

5

Elle aperçoit son page,
Mironton ton ton, mirontaine,
Elle aperçoit son page,
Tout de noir habillé. (*bis*)

6

« Beau page, ah ! mon beau page,
Mironton ton ton, mirontaine,
Beau page, ah ! mon beau page,
Quell's nouvell's apportez ? (*bis*)

7

— Aux nouvell's que j'apporte,
Mironton ton ton, mirontaine,
Aux nouvell's que j'apporte,
Vos beaux yeux vont pleurer. (*bis*)

8

Quittez vos habits roses,
Mironton ton ton, mirontaine,
Quittez vos habits roses
Et vos satins brochés. (*bis*)

9

Monsieur d'Malbrough est mort,
Mironton ton ton, mirontaine,
Monsieur d'Malbrough est mort,
Est mort et enterré. (*bis*)

10

J'l'ai vu porté-z-en terre,
Mironton ton ton, mirontaine,
J'l'ai vu porté-z-en terre
Par quatre-z-officiers. (*bis*)

11

L'un portait sa cuirasse,
Mironton ton ton, mirontaine,
L'un portait sa cuirasse,
L'autre son bouclier. (*bis*)

12

L'un portait son grand sabre,
Mironton ton ton, mirontaine,
L'un portait son grand sabre,
Et l'aut' ne portait rien. (*bis*)

13

A l'entour de sa tombe,
Mironton ton ton, mirontaine,
A l'entour de sa tombe
Romarins l'on planta. (*bis*)

14

Sur la plus haute branche,
Mironton ton ton, mirontaine,
Sur la plus haute branche,
Le rossignol chanta. (*bis*)

15

On vit voler son âme,
Mironton ton ton, mirontaine,
On vit voler son âme
A travers les lauriers. (*bis*)

16

Chacun mit ventre à terre,
Mironton ton ton, mirontaine,
Chacun mit ventre à terre,
Et puis se releva. (*bis*)

17

Pour chanter les victoires,
Mironton ton ton, mirontaine,
Pour chanter les victoires
Que Malbrough remporta. (*bis*)

18

La cérémonie faite,
Mironton ton ton, mirontaine,
La cérémonie faite,
Chacun s'en fut coucher. (*bis*)

19

Les uns avec leur femme,
Mironton ton ton, mirontaine,
Les uns avec leur femme,
Et les autres tout seuls. (*bis*)

20

Ce n'est pas qu'il en manque,
Mironton ton ton, mirontaine,
Ce n'est pas qu'il en manque,
Car j'en connais beaucoup. (*bis*)

21

Des brunes et des blondes,
Mironton ton ton, mirontaine,
Des brunes et des blondes,
Et des châtaign's aussi. (*bis*)

22

J' n'en dis pas davantage,
Mironton ton ton, mirontaine,
J' n'en dis pas davantage,
Car en voilà-z-assez. (*bis*)

Monsieur et Madame Denis

Ce petit chef-d'œuvre de Désaugiers, cette scène désopilante, pleine d'esprit et de gaieté, copiée d'après nature dans les mœurs bourgeoises, n'eut pas grand'peine à devenir populaire dès son apparition. Elle fournit en 1836 plusieurs scènes amusantes à la pièce de Théaulon et de Courcy, *Les Chansons de Désaugiers*. De nos jours, cette chanson a gardé toute sa saveur, comme au temps de sa nouveauté.

Le vieux air choisi par Désaugiers l'était admirablement, comme devait le faire un poète musicien, fils d'un compositeur de musique. On pourra lire là-dessus les recherches de Génin (1), qui avait cru sur parole ce conteur de balivernes. Castil Blaze, attribuant l'air de *Monsieur et Madame Denis* à Théobalde Gatti, dans son opéra de *Coronis* : naturellement cet air n'y est pas, puisque c'est une frasque de Castil Blaze. M. Anatole Loquin (2) parle aussi très longuement de *Monsieur et Madame Denis*, et, quoique prévenu par son ami Pierre Lagarenne, il s'aheurte à son idée, et ne peut pas se décider à croire que cet air ne soit pas dans *Coronis*. Il faut cependant qu'il en prenne son parti.

Les airs qui ont conquis la popularité sont presque toujours anonymes. Il en est ainsi de celui de *Monsieur et Madame Denis*, dont j'ai remarqué l'air publié pour la première fois dans un volume ayant pour titre : *Airs de danses anglaises, hollandaises et françaises à deux parties, nouvellement recueillis par Antoine Pointel, Amsterdam, et à Paris chez Christophe Ballard*, 1700, vol. in-4°.

Pellegrin, dans ses *Cantiques et Noëls*, indique cet air en 1705. Ballard, dans *la Clef des Chansonniers*, le donne encore en 1717, en appelant le timbre : *Vous le savez bien, souvenez-vous-en*. Tout cela ne nous apprend pas le nom de l'auteur de l'air ; quoique ce dernier timbre semble me narguer, je ne le saurai jamais.

(1) *Récréations philologiques*, par GÉNIN (1ᵉʳ volume).
(2) A. LOQUIN, *La musique de Bordeaux*, 1878. Dans le même volume, M. Loquin répète également cette bourde de Champfleury, qui était musicien comme ma pantoufle, que l'air de la chanson berrichonne : *J'ai demandé-z-à la vieille*, etc. (*Chansons des provinces de la France*), ressemblait à l'air de *Monsieur et Madame Denis*. — Oui, juste autant que la *Marseillaise* ressemble à *J'ai du bon tabac*.

Monsieur et Madame Denis

Il avait plu toute la journée, et n'ayant pu aller le soir faire leur partie de loto chez Mme Caquet, sage-femme, rue des Martyrs, M. et Mme Denis s'étaient couchés de bonne heure. Au bout de vingt trois minutes, Mme Denis, qui ne dormait pas, impatientée du silence obstiné de son mari, qui n'avait pas cessé de lui tourner le dos, soupira trois fois et prit la parole :

M. DENIS, se retournant.

Mais, m'amour, j'ai sur le corps
Cinquante ans de plus qu'alors ;
Car c'était en mil sept cent,
Souvenez-vous-en, souvenez-vous-en...
An premier de mes amours,
Que ne duriez-vous toujours !

Mme DENIS, se ravisant.

C'est de vous qu'en sept cent un
Une anguille de Melun
M'arriva si galamment !
Souvenez-vous-en, souvenez-vous-en...
Avec des pruneaux de Tours,
Que je crois manger toujours.

M. DENIS

En mil sept cent deux, mon cœur
Vous déclara son ardeur ;
J'étais un petit volcan !
Souvenez-vous-en, souvenez-vous-en...
Feux des premières amours,
Que ne brûlez-vous toujours !

Mme DENIS

On nous maria, je crois,
A Saint-Germain-l'Auxerrois.
J'étais mise en satin blanc,
Souvenez-vous-en, souvenez-vous-en...
Du plaisir charmants atours,
Je vous conserve toujours.

M. DENIS, *se mettant sur son séant.*

Comme j'étais étoffé !

Mme DENIS, *s'asseyant de même.*

Comme vous étiez coiffé !

M. DENIS

Habit jaune en bouracan,
Souvenez-vous-en, souvenez-vous-en...

Mme DENIS

Et culotte de velours,
Que je regrette toujours.
(Continuant)
Comme, en dansant le menuet,
Vous tendîtes le jarret !
Ah ! vous alliez joliment !
Souvenez-vous-en, souvenez-vous-en...
Aujourd'hui nous sommes lourds.

M. DENIS

On ne danse pas toujours.
(S'animant)
Comme votre joli sein
S'agitait sous le satin !
Il était mieux qu'à présent,
Souvenez-vous-en, souvenez-vous-en...
Belles formes, doux contours,
Que ne duriez-vous toujours !

Mme DENIS

La nuit, pour ne pas rougir,
Je fis semblant de dormir.
Vous me pinciez doucement,
Souvenez-vous-en, souvenez-vous-en...
Mais à présent, nuits et jours,
C'est moi qui pince toujours.

M. DENIS

La nuit, lorsque votre époux
S'émancipait avec vous,
Comme vous faisiez l'enfant !
Souvenez-vous-en, souvenez-vous-en ..
Mais on fait les premiers jours,
Ce qu'on ne fait pas toujours.

Mme DENIS

« Comment avez-vous dormi ? »
Nous demandait chaque ami.
« Bien », répondais-je à l'instant,
Souvenez-vous-en, souvenez-vous-en...
Mais nos yeux et nos discours
Se contredisaient toujours.

M. DENIS, *lui offrant une prise de tabac.*

Demain songez, s'il vous plaît,
A me donner un bouquet.

Mme DENIS, *tenant la prise de tabac sous le nez*

Quoi ! c'est demain la Saint-Jean ?

M. DENIS, *rentrant dans son lit.*

Souvenez-vous-en, souvenez-vous-en...
Epoque où j'ai des retours,
Qui me surprennent toujours.

Mme DENIS, *se recouchant.*

Oui, jolis retours, ma foi !
Votre éloquence avec moi
Eclate une fois par an ;
Souvenez-vous-en, souvenez-vous-en...
Encor votre beau discours
Ne finit-il pas toujours.
(Ici M. Denis a une réminiscence.)

Mme DENIS, *minaudant.*

Que faites-vous donc, mon cœur

M. DENIS

Rien... je me pique d'honneur.

Mme DENIS

Quel baiser !... il est brûlant...

M. DENIS, *toussant.*

Souvenez-vous-en, souvenez-vous-en...

Mme DENIS, *rajustant sa cornette.*

Tendre objet de mes amours,
Pique-toi d'honneur toujours !
Ici le couple bâilla,
S'étendit et sommeilla.
L'un murmurait en ronflant :
« Souvenez-vous-en, souvenez-vous-en... »
L'autre : « Objet de mes amours,
Pique-toi d'honneur toujours ! »

Le Roi Dagobert

Le nom de Dagobert s'est conservé dans la mémoire du peuple, non pas précisément par la chanson que nous connaissons, et qui est moderne, mais par une suite de légendes, encore répandues maintenant. On en trouve plusieurs dans les *Veillées allemandes* de Grimm, jusqu'au fameux proverbe si connu : Quand Dagobert avait mangé, il faisait aussi manger ses chiens ; sur son lit de mort il leur dit: *Il n'y a si bonne compagnie qui ne se quitte.....* Ce n'est évidemment pas le français du temps de Dagobert.

La rudesse, la barbarie du siècle où vivait le roi Dagobert (600-638) n'excluait pas chez lui un certain sentiment de piété, qu'il devait sans doute au commerce fréquent avec saint Eloi.Ce dernier lui prouva maintes fois son attachement et son désintéressement. Les anciennes chroniques mentionnent son habileté dans la fonderie, la sculpture... ce qui n'excluait pas les bons conseils qu'il pouvait donner au roi. La fondation de l'abbaye de Saint-Denis est sans doute une inspiration du roi, à laquelle son sage conseiller ne fut pas étranger.

Nous ne possédons aucun vase précieux sculpté par saint Eloi, pas davantage le célèbre fauteuil ou trône en or massif, construit et ciselé par ce grand artiste. Le peuple a cependant conservé dans sa vieille mémoire de plusieurs siècles le souvenir de l'honnêteté de saint Eloi, qui rendit scrupuleusement au roi l'or qui lui restait encore, après la construction du fauteuil mémorable.

Prendre au mot les anciennes chroniques, y compris *Gesta Dagoberti*, serait sans doute s'aventurer un peu trop. Voici cependant un miracle cité par Kœnigshoven, dans ses *Chroniques de l'Alsace* : Saint Florence, un pieux anachorète, venu d'Ecosse, s'était construit une hutte aux environs de Strasbourg (*Argentoratum*). Sa grande piété le rendit célèbre et parvint aux oreilles du roi Dagobert. Or, le roi avait une fille aveugle et muette. Il envoya des ambassadeurs à saint Florence, qui vint rejoindre le roi, non sur le cheval qu'il lui avait offert, mais sur un âne. Le saint n'était pas encore arrivé au château que la pauvre fille s'écria : «Je vois venir Florence, et c'est grâce à lui que Dieu m'a donné la parole. »

Dagobert, pour récompenser le saint homme, lui accorda aux environs de sa hutte tout le pays qu'il pourrait parcourir sur son âne, tandis que lui serait dans son bain : et voilà comment se faisaient alors les cadeaux des rois.

On se doute bien que ce n'est pas dans les *Chroniques de Saint-Denis*, qui parlent longuement de Dagobert, que le farceur moderne qui a fait la chanson, est allé chercher ses renseignements. C'est une fantaisie burlesque, comme *La Palisse*, comme *Malbrough* et tant d'autres, et c'est avec ces chansons qu'on apprend l'histoire au peuple de France !

Allegretto
PIANO
p
f
Le bon roi Da _ go _ bert A _ vait sa cu _ lotte à l'en _
f
p
_vers, _____ Le bon roi Da _ go _ bert _____ A _
p
_vait sa cu _ lotte à l'en _ vers. _____ Le grand Saint E _ loi Lui dit:
mf
mf

2

Comme il la remettait,
Un peu trop il se découvrait.   } bis
  Le grand saint Eloi
  Lui dit : O mon roi,
  Vous avez la peau
  Plus noir' qu'un corbeau.
— Bah ! bah ! lui dit le roi,
La rein' l'a plus noire que moi.

3

Le bon roi Dagobert
S'habillait d'un bel habit vert.   } bis
  Le grand saint Eloi
  Lui dit : O mon roi,
  Votre habit paré
  Au coude est percé.
— C'est vrai, lui dit le roi,
Le tien est bon, prête-le-moi.

4

Du bon roi Dagobert
Les bas étaient rongés des vers.   } bis
  Le grand saint Eloi
  Lui dit : O mon roi,
  Vos deux bas cadets
  Font voir vos mollets.
— C'est vrai, lui dit le roi,
Les tiens sont bons, donne-les-moi.

5

Le bon roi Dagobert
Faisait peu sa barbe en hiver.   } bis
  Le grand saint Eloi
  Lui dit : O mon roi,
  Il faut du savon
  Pour votre menton.
— C'est vrai, lui dit le roi ;
As-tu deux sous ? prête-les-moi.

6

Du bon roi Dagobert
La perruque était de travers.   } bis
  Le grand saint Eloi
  Lui dit : O mon roi,
  Votre perruquier
  Vous a mal coiffé.
— C'est vrai lui dit le roi,
Je prends ta tignasse pour moi.

7

Le grand roi Dagobert
Portait manteau court en hiver.   } bis
  Le grand saint Eloi
  Lui dit : O mon roi,
  Votre Majesté
  Est bien écourtée,
— C'est vrai, lui dit le roi,
Fais-le rallonger de deux doigts.

8

Du bon roi Dagobert
Le chapeau le coiffait en cerf. } *bis*
  Le grand saint Eloi
  Lui dit : O mon roi,
  La corne au milieu
  Vous siérait mieux.
— C'est vrai, lui dit le roi,
J'avais pris modèle sur toi.

9

Le roi faisait des vers,
Mais il les faisait de travers. } *bis*
  Le grand saint Eloi
  Lui dit : O mon roi,
  Laissez aux oisons
  Faire des chansons.
— C'est vrai, lui dit le roi,
C'est toi qui les feras pour moi.

10

Le bon roi Dagobert
Chassait dans la plaine d'Anvers. } *bis*
  Le grand saint Eloi
  Lui dit : O mon roi,
  Votre Majesté
  Est bien essouflé.
— C'est vrai, lui dit le roi,
Un lapin courait après moi.

11

Le grand roi Dagobert
Allait à la chasse au pivert. } *bis*
  Le grand saint Eloi
  Lui dit : O mon roi,
  La chasse aux coucous
  Vaudrait mieux pour vous.
— Eh bien, lui dit le roi,
Je vais tirer, prends garde à toi.

12

Le grand roi Dagobert
Avait un grand sabre de fer. } *bis*
  Le grand saint Eloi
  Lui dit : O mon roi,
  Votre Majesté
  Pourrait se blesser.
— C'est vrai, lui dit le roi,
Qu'on me donne un sabre de bois.

13

Les chiens de Dagobert
Etaient de gale tout couverts. } *bis*
  Le grand saint Eloi
  Lui dit : O mon roi,

  Pour les nettoyer,
  Il faut les noyer.
— Eh bien ! lui dit le roi,
Va-t'en les noyer avec toi.

14

Le bon roi Dagobert
Se battait à tort, à travers. } *bis*
  Le grand saint Eloi
  Lui dit : O mon roi,
  Votre Majesté
  Se fera tuer.
— C'est vrai, lui dit le roi,
Mets-toi bien vite devant moi.

15

Le bon roi Dagobert
Voulait conquérir l'univers. } *bis*
  Le grand saint Eloi
  Lui dit : O mon roi,
  Voyager si loin
  Donne du tintoin.
— C'est vrai, lui dit le roi,
Il vaudrait bien mieux rester chez soi.

16

Le roi faisait la guerr',
Mais il la faisait en hiver. } *bis*
  Le grand saint Eloi
  Lui dit : O mon roi,
  Votre Majesté
  Se fera geler.
— C'est vrai, lui dit le roi,
Je m'en vais retourner chez moi.

17

Le bon roi Dagobert
Voulait s'embarquer sur la mer. } *bis*
  Le grand saint Eloi
  Lui dit : O mon roi,
  Votre Majesté
  Se fera noyer.
— C'est vrai, lui dit le roi,
On pourra crier : Le roi boit !

18

Le bon roi Dagobert
Avait un vieux fauteuil de fer. } *bis*
  Le grand saint Eloi
  Lui dit : O mon roi,
  Votre vieux fauteuil
  M'a donné dans l'œil.
— Eh bien ! lui dit le roi,
Fais-le vite emporter chez toi.

19

Le bon roi Dagobert
Mangeait en glouton du dessert. } *bis*
  Le grand saint Éloi
  Lui dit : O mon roi,
  Vous êtes gourmand,
  Ne mangez pas tant.
— Bah ! bah ! lui dit le roi,
Je ne le suis pas tant que toi.

20

Le bon roi Dagobert,
Ayant bu, allait de travers. } *bis*
  Le grand saint Eloi
  Lui dit : O mon roi,
  Votre Majesté
  Va tout de côté.
— Eh bien ! lui dit le roi,
Quand t'es gris, marches-tu plus droit ?

21

Quand Dagobert mourut,
Le diable aussitôt accourut. } *bis*
  Le grand saint Eloi
  Lui dit : O mon roi,
  Satan va passer,
  Faut vous confesser.
— Hélas ! dit le bon roi,
Ne pourrais-tu mourir pour moi ?

La Vieille

La coquette hors d'âge a maintes fois été ridiculisée dans la chanson française. Ce type lui revenait de droit, son genre léger, railleur, grivois même, lui permettant de traiter plus particulièrement des sujets familiers, que la critique peut dédaigner.

Il est très peu de provinces en France où la chanson de *la Vieille* soit tout à fait inconnue : les formes et les paroles varient, mais le fond est le même.

En Normandie on chante : « Il était une bergère toute ridée, une vieille, vieille, qu'on fait danser, lourre, lourre (1). » M. Durieux a recueilli *la Vieille* à Cambrai ; c'est une version curieuse ; elle dévie complètement de la version connue à Paris, tout en suivant le même sujet. C'est toujours un jeune épouseur, qui fait tant danser la vieille, *qu'elle mourut en sautillant.*

Il y a quelques années, Maurice Sand m'a fredonné une chanson sur la *Vieille*, mais qui n'est pas du tout celle notée avec accompagnement :

> J'ai demandé-z-à la vieille,
> Quelle robe elle voulait.
> La vieille m'a répondu :
> En satin, s'il y en avait.

Le refrain, qui est ancien, se dit par le chœur :

> Requinquez-vous, vieille,
> Vieille, requinquez-vous donc.

(1) Ed MOULÉ, *Chansons populaires de la Haute-Normandie.*

Un poco allegretto
CHANT
PIANO
A Pa_ris, dans u_ne ron_de Com_po_sé' de jeunes gens, Il se trou_va u_ne vieil_le, Qui a_vait qua_tre vingts ans: Oh! la vieil_le, la vieil_le, la vieil_le Qui croy_ait a_voir quinze ans.

2

Il se trouva une vieille
De quatre-vingts ans,
Qui choisit le plus jeune,
Qui était le plus galant.
Oh ! la vieille, etc.

3

Ell' choisit le plus jeune,
Qui était le plus galant,
« Va-t'en, va-t'en, bonne vieille,
Tu n'as pas assez d'argent.
Oh ! la vieille, etc.

4

« Va-t'en, va-t'en, bonne vieille,
Tu n'as pas assez d'argent ;
— Si vous saviez ce qu'a la vieille,
Vous n'en diriez pas autant.
Oh ! la vieille, etc.

5

« Si vous saviez ce qu'a la vieille,
Vous n'en diriez pas autant ;
— Dis-nous donc ce qu'a la vieille.
— Elle a dix tonneaux d'argent.
Oh ! la vieille, etc.

6

« Dis-nous donc ce qu'a la vieille.
— Elle a dix tonneaux d'argent.
— Reviens, reviens, bonne vieille,
Marions-nous promptement.
Oh ! la vieille, etc.

7

« Reviens, reviens, bonne vieille,
Marions-nous promptement. »
On la conduit au notaire :
« Mariez-moi cette enfant. »
Oh ! la vieille, etc.

8

On la conduit au notaire :
« Mariez-moi cette enfant.
— Cette enfant, dit le notaire,
Elle a bien quatre-vingts ans.
Oh ! la vieille, etc.

9

« Cette enfant, dit le notaire,
Elle a bien quatre-vingts ans ;
Aujourd'hui le mariage,
Et demain l'enterrement.
Oh ! la vieille, etc.

10

« Aujourd'hui le mariage,
Et demain l'enterrement. »
On fit tant sauter la vieille,
Qu'elle est morte en sautillant.
Oh ! la vieille, etc.

11

On fit tant sauter la vieille,
Qu'elle est morte en sautillant.
On regarde dans sa bouche,
Elle n'avait que trois dents.
Oh ! la vieille, etc.

12

On regarde dans sa bouche,
Elle n'avait que trois dents :
Une qui branle, une qui hoche,
L'autre qui s'envole au vent.
Oh ! la vieille, etc

13

Une qui branle, une qui hoche,
L'autre qui s'envole au vent.
On regarde dans sa poche,
N'y avait que trois liards d'argent !
Oh ! la vieille, etc.

14

On regarde dans sa poche,
N'y avait que trois liards d'argent !
Oh ! la vieille, la vieille, la vieille
Avait trompé le galant !

Le Roi d'Yvetot

L'existence du royaume d'Yvetot n'est pas une simple fiction historique : il a ses parchemins, datés du xiv et du xv siècle, et le souvenir de cette royauté, pouvant mesurer quatre ou cinq lieues de tour, a dû faire rêver bien des grands seigneurs, peut-être même des rois. Un petit royaume tranquille, ayant pour toute armée un ou deux gardes champêtres, n'est-ce pas séduisant ? Ce royaume, après être devenu *principauté*, puis *seigneurie*, a disparu sous le niveau de la Révolution.

J'avais lu depuis longtemps un article important de Boucher d'Argis (1) sur le roi d'Yvetot, quand le petit volume de M. A. Labutte (2) est venu compléter ce que je savais de ce royaume intéressant, auprès duquel on passe en chemin de fer, en allant de Rouen au Havre, mais où les voyageurs archéologues ne s'arrêtent pas souvent.

La spirituelle chanson satirique de Béranger est venue raviver les souvenirs de ce joli coin de la Normandie. La satire, au reste, est douce, et le petit chef-d'œuvre du poète chansonnier est arrivé à une popularité durable, des plus méritées ; sa tournure gauloise le fera vivre encore bien longtemps.

C'est avec l'autorisation de M. Garnier, propriétaire des œuvres de Béranger, que j'ai reproduit le *Roi d'Yvetot*.

Le premier motif de l'air est emprunté à une ancienne contredanse (3), qui s'appelait *La Bergobzom* (lisez *Bery-op-Zoom*). Cette contredanse avait fait un emprunt elle-même, bien antérieur, puisqu'on trouve dans le 2 volume de la *Clef des Chansonniers*, publié par les Ballard en 1717 :

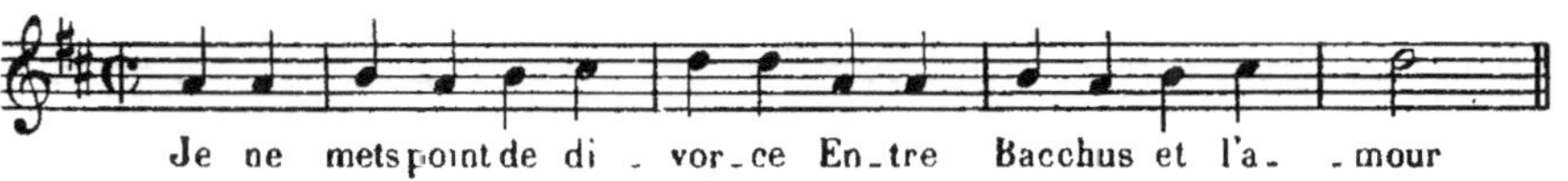

(1) *Variétés historiques d'un savant*, etc., 1770, t. I, p. 194.
(2) *Histoire des Rois d'Yvetot*, par A. Labutte, Paris, 1871.
(3) *Dixième Recueil de contredanses, telles qu'elles ont été dansées aux bals de Saint-Cloud et de l'Opéra*. — Le privilège est de 1745 (Conservatoire).

En Angleterre (1), c'est un chant de nourrice qui reproduit le commencement de notre air du *Roi d'Yvetot* :

Favart (2), dans son vaudeville de *Bastien et Bastienne*, représenté en 1753, donne l'air en entier, son timbre est : *Faut pas être grand sorcier pour ça.*

La date de 1717 étant de beaucoup antérieure à la pièce de *Bastien et Bastienne*, on peut conclure que c'est encore là un de ces airs bâclés de pièces et de morceaux qui a fini par devenir une très jolie chanson du XVIIIe siècle.

Le Roi d'Yvetot

(1) *Nursery Rhymes*, publiées par EDWARD RIMBAULT, Londres, s. d.
(2) *Œuvres de Favart*, en dix vol. Paris, Duchesne, 1763.

le _ vant tard, Se cou _ chant tôt, Dor _ mant fort bien sans
gloi _ re, Et cou _ ron _ né par Jean _ ne _ ton D'un sim _ ple
bon _ net de co _ ton, Dit _ on: Oh! ho ho, Ah! ha ha
ha! Quel bon pe _ tit roi c'é _ tait là, la la!

2

Il faisait ses quatre repas,
 Dans son palais de chaume,
Et sur un âne, pas à pas,
 Parcourait son royaume.
Joyeux, simple et croyant le bien,
Pour toute garde il n'avait rien
  Qu'un chien ;
  Oh ! ho ! ho ! etc.

3

Il n'avait de goût onéreux
 Qu'une soif un peu vive ;
Mais en rendant son peuple heureux,
 Il faut bien qu'un roi vive.
Lui-même, à table, et sans suppôt,
Sur chaque muid levait un pot
  D'impôt ;
  Oh ! ho ! ho ! etc.

4

Aux filles de bonnes maisons
 Comme il avait su plaire,
Ses sujets avaient cent raisons
 De le nommer leur père.
D'ailleurs il ne levait de ban
Que pour tirer, quatre fois l'an,
  Au blanc :
  Oh ! ho ! ho ! etc.

5

Il n'agrandit point ses États,
 Fut un voisin commode,
Et, modèle des potentats,
 Prit le plaisir pour code.
Ce n'est que lorsqu'il expira
Que le peuple qui l'enterra,
  Pleura :
  Oh ! ho ! ho ! etc.

6

On conserve encor le portrait
 De ce digne et bon prince ;
C'est l'enseigne d'un cabaret
 Fameux dans la province.
Les jours de fête bien souvent,
La foule s'écrie, en buvant,
  Devant :
  Oh ! ho ! ho ! etc.
  Ah ! ha ! ha !
Quel bon petit roi c'était là,
  Là, là !

CHAPITRE SEPTIÈME

Chansons à Boire

Chansons de soldats — Chansons de marins

Chansons à boire

Quoiqu'on rapporte que les Celtes donnaient un esclave pour un pot de vin, il est difficile de l'admettre : le cas a pu se présenter exceptionnellement avec un Celte riche, au milieu d'une chasse furibonde, et assoiffé comme une bête brute, ou, pour parler français, mourant de soif.

D'après Plutarque (1), « les Gaulois, issus de la nation celtique, demeurèrent longtemps entre les Pyrénées et les Alpes, jusques à ce qu'à la fin il leur advint de goûter du vin, qui premier leur fut apporté d'Italie, dont ils trouvèrent le breuvage si bon, et furent si transportés du désir de la volupté d'en boire, que soudainement ils chargèrent leurs armes, et emmenèrent femmes et enfants, prenant leur chemin vers les Alpes, pour aller chercher le pays qui produisait un tel fruit, estimant toute autre terre stérile et sauvage ».

Le plaisir de boire a toujours été un des grands plaisirs des Français, ce qui n'a rien de particulièrement étonnant dans un pays de vignobles : on se demande seulement pourquoi le Français a toujours soif. Si encore nous vivions dans un pays des tropiques ! mais non, nous habitons une zone tempérée. D'ailleurs, au fort de l'hiver, la soif continue.

En y réfléchissant bien, ce ne doit pas être la soif qui excite tant à boire, mais cette douce hallucination qu'éprouve le buveur (entre deux vins) et qui n'est pas l'ivresse.

Il y a des malheureux qui boivent pour oublier leurs chagrins ou leur misère (comme les fumeurs de haschisch dans l'Inde), mais ces sortes de buveurs n'ont pas soif ; ils visent à un sommeil factice, à une espèce de suicide passager. Ces buveurs-là seront laissés de côté dans cet ouvrage, de même que l'ivrogne qui est à ronfler sous la table du cabaret.

Homère nous apprend qu'à l'arrivée d'un ami ou d'un hôte, en le recevant dans la maison, on répandait du vin en l'honneur des dieux, puis on lui présentait à boire, en le félicitant sur son heureuse arrivée, et quand l'hôte ou l'ami quittait la maison, on répétait la même cérémonie, en lui souhaitant un heureux voyage.

Cet usage du vin répandu par terre, on va le retrouver un peu plus loin, en parlant du *cottabe*, qui n'était peut-être qu'un souvenir de l'antique usage, appliqué à l'amour, après l'avoir été à l'amitié dans l'origine.

(1) *Les hommes illustres par Plutarque, traduit de grec en français par Jacques Amyot.* **Paris, 1645.** (Voir Furius Camillus.)

Envisagée comme coutume, il faut remonter bien loin dans l'histoire des peuples pour parler des origines de la chanson à boire. Le *scolion* (1) était une chanson de table chez les anciens Grecs, chacun la chantait à son tour, en joignant la voix au son de la lyre. C'étaient d'abord des espèces de cantiques appelés *Pœans ;* dans les commencements, ils furent chantés par tous les convives ensemble, à l'unisson.

Dans la suite, chacun chantait à son tour, en tenant une branche de myrte, qui passait de main en main au plus proche voisin (2) ; et lorsque la lyre eut été admise dans les festins, on perfectionna les chansons à boire, et on leur donna le nom de *scolies*. « La plupart de ces chansons avaient naturellement pour sujet le vin et la bonne chère, ou l'amour, ou encore le *cottabe*, que Rich, dans son *Dictionnaire des antiquités romaines et grecques*, décrit ainsi : « Le *Cottabus*, jeu sicilien d'origine, et jeu favori des jeunes gens d'Athènes après le dîner. On le jouait de différentes façons, plus ou moins compliquées ; mais la manière simple et ordinaire consistait à jeter le dernier coup d'une coupe de vin dans un large vaisseau de métal ou sur le plancher ; le joueur prétendait reconnaître la sincérité de l'affection de sa maîtresse au bruit particulier que faisait le vin en tombant. »

De même que les Grecs, les Romains chantaient à leurs festins. Théodore Nisard (3) nous parle d'Horace, qui a chanté aussi le vin et l'ivresse ; « mais ces chansons sont trop délicates et trop achevées pour avoir été dans la bouche d'autres personnes que les Mécène, les Varus et les Pollion. Par une destinée analogue à celle des scolies grecques, les chansons historiques par lesquelles les Romains, plusieurs siècles même avant Caton, inauguraient ou intéressaient leurs festins, avaient fait place aux chansons à boire. Cicéron regrettait la perte de ces antiques monuments de la gloire et de la liberté romaines. Si les Romains avaient pu prévoir, comme aussi les Grecs, que la postérité serait un jour curieuse de connaître les monuments de leur poésie populaire, ils en eussent peut-être laissé des recueils, et nous aurions leurs chansons de carrefour et de cabaret à mettre en parallèle avec les nôtres. »

Tous les peuples qui envahirent les Gaules, ou du moins leurs chefs, se servaient du chant et des instruments à leurs festins ; Attila avait son chantre attitré, un nommé Manillus, originaire de la Calabre. Cependant le *Fléau de Dieu* ne devait guère avoir le temps d'écouter chanter, au milieu de ses tueries et de ses dévastations.

Sous Théodoric, roi des Goths (fin du Vᵉ siècle), les soupers se passaient très simplement, d'après *Apollinaris Sidonius* (4) : « Quelquefois, mais rarement, on

---

(1) *Dictionnaire des antiquités romaines*, etc., par Pitiscus ; traduction de l'abbé Barral, 1765.

(2) D'après Pausanias, Thémistocle fut très désapprouvé par les Grecs pour avoir refusé de chanter et de jouer de la lyre après un repas public.
Le héros de Salamine n'était peut-être pas en voix ce jour-là, ou les cordes de sa lyre avaient été rongées par les souris, tandis qu'il était occupé à exterminer les Perses, ou enfin parce qu'il avait répondu à trop de santés portées en son honneur.

(3) *Des Chansons populaires chez les anciens et chez les Français*, etc. Paris, 1867, vol. I, page 73.

(4) OEuvres d'*Apollinaris Sidonius*, traduites par Grégoire et Collombet, vol. I, une lettre à Agricola.

donne pendant le souper un libre cours aux saillies des mimes, de manière toutefois que nul convive ne devienne le but d'une épigramme sanglante et envenimée. On n'entend là néanmoins ni orgues hydrauliques, ni concerts savants et
étudiés. Là, point de joueur de lyre, point de joueur de flûte, point de maître de
chœur ; point de femme qui joue du sistre ou de tout autre instrument ; le roi
n'admet que les musiciens dont les soins ne plaisent pas moins à l'âme que les
chants à l'oreille. »

Tout en convenant que les festins grecs et romains étaient généralement
rehaussés par la musique et la danse, il faut dire aussi que les musiciens
n'étaient pas nombreux ; c'étaient des tibicinistes ou joueurs de doubles flûtes,
des cytharistes et des joueurs de lyre. Les Hébreux, à leurs fêtes, ne se servaient
guère que d'instruments à cordes, mais au temple et à la guerre il y avait des
trompettes.

Saint Germain de Paris, un saint évêque qui vivait au vi^e siècle, avait établi
une chapelle-musique. Le roi Childebert s'en servait pour ses festins d'apparat.

Un usage qui se pratiquait dès le xiiie siècle en France aux grands festins,
c'était de *corner l'eau*, c'est-à-dire de prévenir pour se laver les mains avant de
se mettre à table.

Il est bien constaté que les rois de France, ainsi que les grands seigneurs,
avaient de la musique à tous leurs repas de fête. Chez les petits seigneurs, les
hobereaux et les bourgeois riches, où l'on ne pouvait déployer un grand luxe
instrumental, on se contentait de chanter des chansons passablement salées,
qui entretenaient la gaieté aussi bien, sinon mieux que les instruments.

Dans l'*Histoire de l'harmonie au moyen âge* (1), E. de Coussemaker reproduit
une chanson de table du xiiie siècle :

Jam, dulcis amica, venito, etc.

Voici l'une des strophes de cette curieuse chanson :

(1) Voyez p. 108 et planche VIII, n° 2.

« Alors le musicien touche la cythare avec le plectre (1),
« La musicienne chante des mélodies sur la lyre,
« Les serviteurs apportent à tous la coupe pleine. »

Edélestand du Méril cite quelques chansons à boire dans ses *Poésies latines antérieures au XIIe siècle*, entre autres à la page 96, *Or hi par ra*, etc., sur l'air *Lætabundus* même page, *Vinum bonum*, etc. Puis encore dans les *Poésies latines du moyen âge*, p. 196, une invitation à dîner :

> Jam, dulcis amica, venito,
> Quam sicut cor meum diligo, etc.

Le poète Eustache Deschamps (1328-1422) donne une chanson à boire dans ses œuvres :

> Jamais à table ne seray,
> Si je ne voy le vin tout prest
> Pour boire et verser sans arrest.
>
> Au premier morsel tel soif ay
> Que mort suy se boire n'y est :
> Jamais à table, etc.
>
> Comment il m'en va, bien le sçay ;
> Rolant en mourut; si (2) me plest
> Boire tost, puisque vin me pest (3).
>
> Jamais à table ne seray,
> Si je ne voy le vin tout prest
> Pour boire et verser sans arrest.

Dans une autre pièce, le poète décrit le trousseau d'une riche héritière et donne la description du cellier, garni de tous les vins alors en réputation :

> Or lui refault de plusieurs vins :
> Vin de Saint-Jehan et vin d'Espagne,
> Vin de Ryn et vin d'Alemaigne,
> Vin d'Aucerre et vin de Bourgogne,
> Vin de Beaune et de Gascongne,
> Vin de Chabloix, vins de Givry,
> Vins de Vertus, vins d'Irancy,
> Vins d'Orléans et de Saint-Poursa.n ;
> Avoir tel femme n'est pas sain ;
> Vin d'Ay, vins de la Rochelle,
> Garnache fault, et Ganachelle,
> Vin grec et du vin muscadé.
> Marvoisie elle a demandé ;
> Vergus veult avoir, vins goués.

Un chantre bachique parut à Vire au xve siècle, c'est le célèbre poète Olivier

---

(1) La plectre était un petit tuyau de plume dont les Grecs et les Romains se servaient pour pincer la lyre ou la cithare.
(2) *Si*, aussi. — (3) *Me pest*, me nourrit.

Basselin, dont nous n'avons pas les œuvres. A-t-il seulement jamais écrit ses chansons ? N'ont-elles pas été simplement confiées à la mémoire des compagnons buveurs, auxquels il les chantait, et qui les retenaient ?

On sait du reste ce que cette transmission orale peut avoir de durable. De plus, le pauvre Basselin a été absorbé, peut-être quelquefois copié ou imité par un avocat de Vire, Jean Le Houx, qui est venu en 1560 ou environ traiter le même sujet, c'est-à-dire les chansons à boire, et comme il savait écrire, il a eu le bon esprit de les coucher sur le papier.

Ce qu'on n'a pu ôter à Basselin, c'est l'affirmation de son existence et de sa célébrité, constatée par les poètes ses contemporains (1) ; mais tout cela est si vague, si peu précis, que Boileau, qui n'était pas très fort en archéologie littéraire, confond, comme beaucoup d'autres, le mot *vaudeville* avec *vaudevire* (2).

Comme on ne possède pas l'air de la chanson la plus connue de Jean Le Houx, il faut bien se contenter des paroles seules :

> Beau nez, dont les rubis ont cousté mainte pippe
> De vin blanc et clairet,
> Et duquel la couleur richement participe
> Du rouge et violet ,
>
> Beau nez, qui te regarde à travers un grand verre,
> Te juge encor plus beau !
> Tu ne ressembles point au nez de quelque hère,
> Qui ne boit que de l'eau.
>
> Un coq d'Inde sa gorge à toy semblable porte :
> Combien de riches gens
> N'ont pas si riche nez ? Pour te peindre en la sorte
> Il faut beaucoup de temps.
>
> Le verre est le pinceau duquel on t'enlumine,
> Le vin est la couleur
> Dont on t'a peint ainsi, plus rouge qu'une guigne,
> En buvant du meilleur.

(1) Dans les œuvres de Guillaume Crétin, mort vers 1525, il y a une lettre à François Charbonnier, secrétaire du duc de Valois. Cette lettre finit ainsi : « Si Monsieur de la Jaille se présente à ta vue, je te prie faire mes très amples recommandations, et en cette bouche finirai la présente, disant : *Olivier Bachelin, oirons-nous plus de tes nouvelles ? Vous ont les Angloys mis à fin. Et j'eu sans vilenie. Fiat.* Que Crétin ait mis Bachelin au lieu de Basselin, il n'y a rien d'étonnant : il estropie tous les noms ; après le Boudeau Chiron, il y a bien quinze noms de musiciens tous estropiés pitoyablement.

(2) Les mots *va-de-ville, vau-de-ville, voix-de-ville,* signifiaient des voix ou des chansons qu'on entendait hors la ville (*vau-le-route,* hors la route), et finalement *voix-de-ville,* chansons des rues : chansons de paysans, chansons populaires.

Le mot *voix-de-ville* est ancien, Chardavoine s'en servit en 1576 comme titre des chansons qu'il publiait ; c'est bien cela qu'on chantait dans les anciennes farces, dont Gaultier Garguille fut l'un des derniers représentants.

Or donc, sous le titre de *Voix de ville,* Chardavoine publia 166 chansons d'amour, et *pas une* chanson à boire.

Observons, pour conclure, que, du vivant de Basselin, on connaissait fort peu à Paris les jolis vaux ou vallons de Vire ; ce mot ne pouvait donc pas s'imposer à un genre de chansons éminemment françaises, qu'on introduisit dans les pièces gaies de notre théâtre ; on y trouve très exceptionnellement des chansons à boire.

On dit qu'il nuit aux yeux, mais seront-ils les maîtres ?
Le vin est garison
De mes maux ; j'aime mieux perdre les deux fenestres
Que toute la maison.

Une autre chanson à boire du xvie siècle a été trouvée dans des manuscrits fort éloignés de la France :

Dormir ne puis s'yvre ne suys,
Et sans dormir vivre ne puis,
Ainsy convient, se je veul vivre,
Que je soye toutz les jours yvre,
Amen, ainsi soit-il (1).

Parmi les chansons à quatre et à cinq voix d'Orlando de Lassus (toujours du xvie siècle), il en est une qui peut bien faire pendant avec la précédente. On sait que les chantres d'église ont toujours eu la réputation d'être de solides buveurs :

En m'oyant chanter quelque foys,
Tu te plains qu'estre je ne daigne
Musicien, et que ma voix
Mérite bien que l'on m'enseigne,
Voire que la peine je preigne
D'apprendre, *ut, ré, mi, fa, sol, la* :
Que diable veux-tu que j'appreigne,
Je ne boy que trop sans cela.

Dans les *Chansons amoureuses* (2), un rare volume de la Bibliothèque nationale, quelques chansons à boire se sont glissées, quoique le titre ne les indiquât point. A la page 402 de ce volume, il en est une qui peint à merveille les mœurs du temps ; elle est ornée de remarques naïves :

(La compagnie doit chanter ensemblement :)

Pendant que boirons ce vin de Gascongne
Et que nous n'aurons aucune vergongne,
Toujours vivrons de plaisir, c'est chose seure,
N'oubliant à boire le vin de quatre heure.

(L'un de la compagnie chantera seul ce couplet :)

Sus, je boy à toi, d'autant que je t'ayme,
Et ainsy que moy boiras d'une haleine ;
Or sus, compagnons, buvons à la ronde,
Arrosons nos gorges du meilleur du monde.

(La compagnie chanteront ensemblement, cependant qu'il boira ce qui ensuit, frappan des mains sur la table, en façon de tambour, jusques à ce qu'il aye beu :)

Colin tampon ! Colin tampon! Colin tampon !

(1) *Notices et Extraits des manuscrits français, en Suède, Danemark et Norvège,* par M. A. GEFFROY, 1855.
(2) *Chansons amoureuses,* etc., y 6083.

En ce temps-là tous les Parisiens de marque et tous les châtelains de la province avaient leur collection de chansons à boire (1), comme on avait possédé auparavant sa collection de chansons satiriques sur la cour et son entourage, sous le nom de *vaudevilles historiques, noëls de cour*, etc.

De nos jours, les airs à boire sont complètement démodés. On boit toujours autant, mais on boit sans chanter, on a le vin triste.

Il faut ajouter que la *beuverie* a complètement déserté les salles à manger des gens du monde, je parle de ce monde qui saurait chanter, musique en main, des duos et des trios de chansons à boire.

Et voilà comme quoi nous n'entendons plus de chansons de ce genre que dans les opéras comiques.

Adam Billaut, le menuisier de Nevers, eut son heure de succès, ainsi qu'Olivier Basselin, ainsi que Jean Le Houx, et bien d'autres dont les œuvres bachiques se sont noyées dans le fleuve du temps, autant dire le fleuve de l'oubli. Qui nous dira le nom du poète de *Quand la mer Rouge apparut aux yeux de Grégoire* ?

La chanson à boire du *Médecin malgré lui* de Molière a défié les siècles et se chante toujours... au *Théâtre-Français*.

A la fin de 1600 et pendant tout le xviiⁱ siècle, les chansons à boire étaient en si grand honneur, qu'elles représentent une vaste bibliothèque manuscrite, aussi étendue que fastidieuse ; c'est naturellement toujours le même sujet : le vin et l'amour, l'amour et le vin. Chose curieuse : sous Louis XIV on était toujours couvert à table, c'eût été un air de familiarité d'en user autrement. Le Dauphin même y gardait son chapeau devant le Roi, qui seul quittait le sien (2).

---

(1) Le Conservatoire de musique possède de très nombreux volumes gravés **et manuscrits** d *Airs sérieux et à boire*, dont plusieurs avec des armoiries ; il y en a un, entre autres, qui a pour titre : *Recueil d'airs à boire en Duo et Trio choisis, appartenant à Mlle de Messine*. Pas du tout collet monté, Mlle *Collet* de Messine !

Un autre volume, gravé celui-là, s'appelle *Artillerie de table, ou Recueil de cent canons, à trois, quatre, cinq et six voix*.

(2) De La Place, *Pièces intéressantes*, t II, p. 105.

Gentils galants Compaignons

Si, d'après toutes les probabilités, on veut donner des chansons d'Olivier Basselin, il faut aller les chercher dans le splendide *Manuscrit de Bayeux* de la Bibliothèque nationale de Paris. Ce beau recueil de deux cent deux chansons du xv⁰ siècle a été exécuté vers 1510 pour le connétable de Bourbon (1). Un examen sérieux de ces chansons prouve que le sentiment de la gamme moderne (les sept notes avec le *si*) existait dans les chansons aussi bien que dans la musique de certains compositeurs du xv⁰ et du xvi⁰ siècle, il y est même fortement accentué.

Les tons majeurs sont parfaitement caractérisés dans ce *Manuscrit de Bayeux*, le sentiment de la septième y est incontestable, à voir les nᵒˢ 11, 28, par exemple.

Ordinairement la conclusion finale se fait par la seconde au-dessus de la tonique, le seul moyen de finir, en l'absence de la note sensible, et la dominante à la tonique étant une terminaison de phrase toute moderne.

On remarquera que dans le numéro 40 de ces chansons, la note sensible passe plusieurs fois, on la sent, mais elle n'est pas à la terminaison de la chanson.

Les chansons en mineur ne finissent jamais avec la sensible, leur terminaison se fait invariablement avec la seconde au-dessus de la tonique ; voir un exemple mineur curieux au nᵒ 73.

La chanson suivante, attribuée à Olivier Basselin, est le nᵒ 45 du *Recueil de Bayeux*.

(1) Charles de Bourbon ne fut fait connétable par François Iᵉʳ qu'en 1515 ; il avait alors vingt-six ans.

_vons d'au _ tant, _____ au soir _____ et
au _____ ma _ tin, Jus _ qu'à cent
sols _____ Et ho! A notre hô _ tes _ se ne
rit.
paie_rons point d'ar _ gent _____ fors un Cre _ do.

Aussitôt que la lumière apparut

Les chansons populaires qui vivent longtemps, sont le plus souvent transformées comme paroles et comme musique ; on les r'habille à neuf, quand l'ancien costume a vieilli de mode et se trouve un peu usé, quand la chaîne se montre sous la trame disparue. Il y a même de ces chansons qui sont tellement rajeunies, qu'on a de la peine à les reconnaître, en les comparant avec le texte et l'air primitifs : *Aussitôt que la lumière* est un peu de celles-là.

Voici quelles étaient les deux premières strophes d'Adam Billaut, menuisier de Nevers, leur auteur (1644) :

Que Phœbus soit dedans l'onde
Ou dans son oblique tour,
Je bois toujours à la ronde,
Le vin est tout mon amour ;
Soldat du fils de Semelle,
Tout le tourment qui me poinct
C'est quand mon ventre groumelle,
Faute de ne boire poinct.

Aussi-tost que la lumière
Vient redorer les coteaux,
Poussé d'un désir de boire,
Je carresse les tonneaux ;
Ravy de revoir l'aurore,
Le verre en main je lui dis :
Voit-on plus au rive more
Que sur mon nez de rubis ?

Il paraît que c'est Haguenier, un chansonnier du temps du Régent, qui a donné à la chanson de maître Adam la forme qu'elle a maintenant. La musique de cette chanson a eu sa part de transformation, car dans les anciennes notations on trouve généralement cet air en mineur ; les éditions modernes sont toutes en majeur.

_do_ré nos co_teaux, Je com_men _ ce ma car_riè _ re Par vi_
_si _ ter mes ton_neaux;______ Ra_vi de re _ voir l'au_
_ro _ re, Le verre en main je lui dis: ______ Vois-tu
sur la ri_ve mau _ re Plus qu'à mon nez de ru_bis?

2

Le plus grand roi de la terre,
Quand je suis dans un repas,
S'il me déclarait la guerre,
Ne m'épouvanterait pas.
A table rien ne m'étonne,
Et je pense, quand je bois :
Si là-haut Jupiter tonne,
Que c'est qu'il a peur de moi.

3

Si quelque jour, étant ivre,
La mort arrêtait mes pas,
Je ne voudrais pas revivre
Pour changer ce doux trépas.
Je m'en irais dans l'Averne
Faire enivrer Alecton,
Et bâtir une taverne
Dans le manoir de Pluton.

4

Par ce nectar délectable
Les démons étant vaincus,
Je ferais chanter au diable
Les louanges de Bacchus.
J'apaiserais de Tantale
La grande altération,
Et, passant l'onde infernale,
Je ferais boire Ixion !

5

Au bout de ma quarantaine,
Cent ivrognes m'ont promis
De venir, la tasse pleine,
Au gîte où l'on m'aura mis.
Pour me faire une hécatombe
Qui signale mon destin,
Ils arroseront ma tombe
De plus de cent brocs de vin.

6

De marbre et de porphyre
Qu'on me fasse mon tombeau ;
Pour cercueil je ne désire
Que le contour d'un tonneau.
Je veux qu'on peigne ma trogne
Avec ces vers à l'entour :
Ci-gît le plus grand ivrogne
Qui jamais ait vu le jour :

Le Médecin malgré lui

Chanson à boire

Molière et Lulli avaient eu des rapports fréquents, même intimes, grâce aux divertissements de la cour de Louis XIV ; le poète et le musicien demandèrent en même temps au roi le privilège de l'Opéra, donné d'abord à Perrin et au compositeur Cambert.

Lulli avait composé la musique du *Mariage forcé* de Molière (1664), mais après la brouille des deux auteurs, Molière, voulant faire une reprise de cette pièce en 1671, fit faire une musique nouvelle par Charpentier ; ce fut aussi ce même musicien qui composa un nouvel air pour les *glouglous* du *Médecin malgré lui*, que Lulli avait musiqué à l'origine (1). Depuis ce temps-là l'air de Charpentier s'est maintenu, et se chante encore aujourd'hui au Théâtre-Français : c'est celui qui suit. Lulli s'en consola aisément, il avait depuis longtemps placé son air, sous forme de menuet, dans le *ballet de Flore*.

La notation de l'air de Charpentier est inscrite, avec le nom de l'auteur, dans un recueil in-4º de *Chansons historiques, satiriques et gaillardes*, aux armes de Bonnier de la Mosson, maréchal de camp de la maison du roi ; elle est imprimée dans les *Nouvelles Parodies bachiques*, publiées par les Ballard en 1700, elle se trouve également dans le premier volume de la *Clef des Chansonniers*, 1717.

(1) J'ai publié ces deux airs dans le troisième volume des *Échos du temps passé*.

PIANO
Con moto
Qu'ils sont doux, Bou_
_teil _ le jo _ li _ _ e, Qu'ils sont doux tes
jo_lis glou_glous. Maïs mon sort fe_rait

cresc.
bïen des ja _ loux Si vous é_tiez tou _ jours rem_
cresc.
_pli _ e : Ah! ah! ah! bouteil _ le ma
mi _ e. Pour _ quoi vous vi _ dez - vous!
p

Buvons à tire-larigot

Chanson de table

Les *Variétés historiques* (1) de M. Péricaud m'ont mis à même de dire quelques mots sur cette chanson à boire, dont le refrain est passé en proverbe.

La famille Pot a, paraît-il, parmi ses aïeux un poète, Philippe Pot, dont le duc de Bourgogne Philippe le Bon fut le parrain ; il appelait son poète *bouche de Cicéron;* c'était donc un homme éloquent, mentionné d'ailleurs par Gabriel Peignot dans sa *Biographie universelle :* « Gui Pot, frère aîné de Philippe (le poète), fut le père d'Anne Pot, qui épousa Guillaume de Montmorency, d'où viennent les ducs de Montmorency, les princes de Condé et les Conti. On a fait, pour ridiculiser cette alliance, une chanson dont le refrain est :

> Mon père était broc,
> Ma mère était pot,
> Ma grand'mère était pinte.

Le *tire-larigot* a mis en verve les chercheurs d'étymologies, comme Ménage, Sallengre, Borel, etc.

M. Gochard, un lyonnais, a donné la meilleure origine : « Odon Rigaud, né à Lyon, d'une famille riche et puissante, qui a laissé son nom à un emplacement considérable où elle faisait sa demeure, *la Rigaudière,* aujourd'hui l'*Arsenal,* ayant été tiré du chapitre de Saint-Jean pour occuper le siège archiépiscopal de Rouen, fit don à son église cathédrale d'une grosse cloche fondue en 1282, et qui fut appelée de son nom, *la Rigaud.* De plus, le prélat acheta une vigne, et en appliqua le produit à faire boire ceux qui sonneraient la susdite cloche ; de là vint le proverbe *boire à tire la Rigaud,* ou boire comme un sonneur.

La chanson que nous connaissons aujourd'hui n'a pas l'âge du refrain, elle doit être de la fin du xviiie siècle, et l'air (une ancienne contredanse) peut-être du même temps.

____

(1) *Variétés historiques, biographiques et littéraires,* par A Péricaud, Lyon, 1836-37, in-8o.

Un poco allegretto
CHANT
PIANO
mf
mf
Bu_vons à   ti _ re-la_ri_
_got, Chers a _ mis   à   la   ron _ _ de,   Au Dieu du
vin soy_ons   dé _ vot, Il gou_ver _ ne le mon _ _
_de. Ja_dis nos a _ ïeux Prêchaient en_cor mieux Cet_te mo_
p
p

2

J'eus pour parrain le dieu Bacchus,
   Ce fut sous une treille
Que de lui le nom je reçus
   D'enfant de la bouteille.
     Dès que je fus né,
     De ce jus sacré
   J'eus la première atteinte :
     Mon père était broc,
     Ma mère était pot,
   Ma grand'mère était pinte.

3

La nourrice que je tétais
   Me donnait la bouillie,
Mais à ce mets je préférais
   Le vin de Malvoisie.
     Enfant je suçais,
     Au lieu de hochets,
   Un raisin de Corinthe :
     Mon père était broc,
     Ma mère était pot,
   Ma grand'mère était pinte.

4

J'avais douze ans quand je soutins,
   En forme de logique,
Sur la différence des vins,
   Une thèse bachique,
     Monté sur un banc,
     Fier comme Artaban,
   Et poussai bien ma pointe :
     Mon père était broc,
     Ma mère était pot,
   Ma grand'mère était pinte.

5

A présent que je suis docteur,
   Messieurs, venez m'entendre ;
Bien mieux qu'un autre professeur
   Je saurai vous apprendre
     Qu'il faut nuit et jour
     Boire, plein d'amour,
   A la santé d'Aminte !
     Mon père était broc,
     Ma mère était pot,
   Ma grand'mère était pinte.

———————•O•———————

Quand la mer Rouge apparut

Le rusé Boileau, dans son *Art poétique*, après avoir parlé de la satire, continue :

> D'un trait de ce poème, en bons mots si fertile,
> Le Français, né malin, forma le vaudeville.

Cette cajolerie nationale lancée aux Français a flatté furieusement notre amour-propre depuis deux siècles, elle n'a pas peu contribué au succès de l'*Art poétique* : que de gens n'en savent absolument que ces deux vers-là ! Le fin matois de poète a eu soin de ne mettre qu'en note un ouï-dire dont il n'était pas sûr : « Olivier Basselin, né dans le Val de Vire en Normandie, vers le milieu du xve siècle, passe, suivant l'opinion générale, pour être l'inventeur du vaudeville, dont le nom était d'abord *vau-de-vire*. Quelques auteurs pensent que vaudeville vient de *voix-de-ville*, nom fort antérieur à Basselin. »

D'abord, pour être l'inventeur du vaudeville, Basselin aurait dû en faire, des vaudevilles, tandis qu'il n'a jamais composé que des chansons à boire, qui même depuis quelques années sont reconnues pour appartenir à Jean Le Houx, avocat de Vire (1). Il y a encore à ajouter qu'au théâtre, du temps de Basselin, on ne trouve pas de chansons à boire. Je crois que, pour les paroles, la version la plus ancienne de cette chanson est celle qui figure dans le *Parnasse des Muses*, Paris, 1627. Elle vaut la peine d'être reproduite :

> Alexandre, dont le nom
>   A rempli la terre,
> N'aymoit pas tant le canon
>   Qu'il faisoit le verre.
> Si le grand Mars des guerriers
> S'est acquis tant de lauriers,
>   Que devons-nous faire
>   Sinon de bien boire. (On prononçait *baire*.)
>
> La mer Rouge en sa couleur
>   En bailloit à croire ;
> Pharaon, mauvais buveur,
>   Eust envie d'en boire ;
> Moyse fut bien plus fin,
> Il vit que ce n'estoit vin,
>   Il la passa toute
>   Sans en boire goutte.

(1) *Les Vaux de Vire de Jean Le Houx*, publiés par Armand Gasté, 1875.

>Le bonhomme Gédéon
>   Faisoit des merveilles,
>Aussi n'usoit sédition
>   Rien que de bouteilles ;
>Servons-nous donc aujourd'huy
>De bouteilles comme luy,
>   Et faisons la guerre
>   A grands coups de verre.

>Samson, au vieil Testament,
>   Acquit de la gloire,
>Ne se servant seulement
>   Que de la mâchoire.
>Mangeons doncques hardiment,
>   Ce seroit opprobre
>   D'estre toujours sobre,

>Loth, qui fut homme de bien,
>   Se plaisoit à boire,
>Dieu ne luy en disoit rien,
>   Il le laissoit faire,
>Et puis quand il estoit saoul,
>Il s endormit comme nous,
>   Dans une caverne,
>   Près de la taverne.

>Noé, pendant qu'il vivoit,
>   Patriarche digne,
>Savoit bien comme on beuvoit
>   Du fruict de la vigne;
>De peur qu'il ne beust de l'eau,
>Dieu luy fit faire un batteau,
>   Pour trouver refuge
>   Au temps du déluge.

Quand la mer Rouge apparut, remise à neuf comme texte, et ornée d'un air nouveau, est devenue une des meilleures chansons biberonnes du xviie siècle ; ce timbre se trouve fréquemment en tête des chansons manuscrites de ce temps-là, ayant comme titres courants : *Recueil de chansons en vaudevilles pour servir à l'histoire anecdote depuis 1600 jusqu'à 1664.* Dans l'un de ces recueils, cet air paraît avec la date de 1656 : c'est une satire sur Mlle de Bordeaux, femme de l'intendant des finances. Or, pour les *chansons d'actualité*, c'est un fait bien reconnu, leur intérêt n'existe que durant un temps très limité, il est fort rare qu'on y revienne dix ou quinze ans après : d autres chansons sur des faits plus récents ont pris leur place.

Le thème de *Quand la mer Rouge apparut* est imprimé dans le premier volume de la *Clef des Chansonniers* (1717), dans le cinquième volume du *Théâtre de la Foire* (1724), et depuis ces dates on le trouve à peu près dans tous les chansonniers qui reproduisent d'anciens airs.

Ce n'est certainement pas un air émané du peuple, car musicalement il est trop correct pour n'être pas venu au monde sous l'archet de quelque maître à danser qui savait la musique.

Alltto non troppo
CHANT
PIANO
Quand la mer rouge ap_pa_
_rut Aux yeux de Gré_goi _ re, Aus_si _ tôt ce bu_veur
crut Qu'il n'a _ vait qu'à boi _ re, Mais mon
voi _ sin Fut plus fin, Voy _ ant que ce n'é _ tait
poco cresc.
poco cresc.
p

Alexandre, dont le nom
A rempli la terre,
N'aimait pas tant le canon
Qu'il n'aimait le verre.
Si Mars parmi les guerriers
S'est acquis tant de lauriers,
Que pouvons, vons, vons,
Que devons, vons, vons,
Que pouvons, que devons,
Que devons-nous croire,
Sinon qu'il sut boire !

Que le sultan Saladin

Chanson à boire

Extraite de *Richard Cœur-de-Lion*, de Grétry.

Richard Cœur-de-Lion, opéra comique de Sedaine, musique de Grétry, obtint en 1784 un succès tel, que tous les airs se fixèrent dans la mémoire de ceux qui l'entendirent. La chanson à boire de Blondel eut naturellement le même avantage que les autres airs ; on la chanta partout, chez les grands seigneurs comme chez les petites gens de la bourgeoisie. Elle méritait bien ce succès par son allure franche et entraînante, une vraie chanson gauloise.

Grétry, dans ses Mémoires, dit que la romance *Une fièvre brûlante*, du même opéra, l'inquiétait beaucoup : « Je la fis de plusieurs manières, sans trouver ce que je cherchais, c'est-à-dire le vieux style capable de plaire aux modernes. La recherche que je fis pour choisir parmi toutes mes idées le chant qui existe, se prolongea depuis onze heures du soir jusqu'au lendemain à quatre heures du matin. Je me rappelle qu'ayant sonné pendant la nuit pour demander du feu, mon domestique me dit : « Vous devez avoir froid, vous « êtes toujours là à ne rien faire. »

D'après cette réponse, on devine que Grétry ne composait pas toujours au piano ; il écrivait sans doute, à mesure que les phrases lui venaient, afin de ne pas les oublier.

_cel_les, Tou_tes jeu_nes, tou_tes bel_les, Pour s'a _ mu_ser le ma_
_tin, C'est bien, _____ c'est bien, _____ ce _ la
ne me blesse en rien: Moi je pen_ se com_ me Gré_
_goi_re: J'ai _ me mieux boi _ re, J'ai _ me mieux boi_

Le Chœur
_re. Moi je pen_se com_me Gré_goi_re: J'ai _ me mieux boi_
_re, J'ai _ me mieux boi _ re.

2

Qu'un seigneur, qu'un haut baron
Vende jusqu'à son donjon
Pour aller à la Croisade,
Et qu'il laisse sa camarade
Dans les mains de gens de bien,
    C'est bien, c'est bien,
Cela ne me blesse en rien.
Moi, je pense comme Grégoire :
    J'aime mieux boire.   (*bis*)

3

Que le vaillant roi Richard
Aille courir maint hasard,
Pour aller loin d'Angleterre
Conquérir une autre terre
Dans le pays d'un païen,
    C'est bien, c'est bien,
Cela ne me blesse en rien.
Moi, je pense comme Grégoire,
    J'aime mieux boire.   (*bis*)

Fanfan la Tulipe

Debraux était un poète de la nature, ne craignant pas de donner des crocs-en-jambe à l'art poétique et à ses préceptes. Heureusement doué et original, il a manié habilement la chanson française, et il y a trouvé maint succès. En 1816 et 1817 il fut bibliothécaire de l'Ecole de médecine, et mourut en 1831 ; il n'avait que trente-trois ans.

Charles le Page, qui a été l'ami et le collaborateur de Debraux, en parle ainsi (1) : « Une impérieuse habitude de produire était devenue la première muse ; il traitait vingt sujets, pour ne pas prendre le temps d'en choisir un ; ses pensées étaient souvent jetées sans ordre sur le papier, et lorsqu'il en avait formé un tout, quelque imparfait qu'il fût pour lui-même, il n'y retouchait plus. »

Béranger aimait beaucoup Debraux, il en a parlé en vers :

> Toujours enfant, gai jusqu'à faire envie,
> En étourdi vers le plaisir poussé,
> Pouffant de rire à voir couler sa vie,
> Comme le vin d'un tonneau défoncé.

Voilà pour le poète ; mais pour le musicien de l'air c'est une histoire beaucoup plus compliquée. Il y a déjà bien des années que mon ami Loquin, de Bordeaux, a publié sur cette chanson une assez longue et très curieuse dissertation (2).

Dans les œuvres de Debraux, *Fanfan la Tulipe* est indiqué sur l'air : *Farilon Farilette*. *La Clé du Caveau* nous dit que cet air est tiré du vaudeville *Thibaut, comte de Champagne*, joué en 1813 ; c'est la troisième pièce en date de Scribe.

Il avait eu pour collaborateur Germain Delavigne. En tête de la chanson qui a pour refrain *Farilon Farilette*, on lit : *air de M. E. S.* Après y avoir songé pas mal de temps, M. Loquin a fini par l'attribuer à Eugène Scribe lui-même, du reste sans autre preuve. Il aurait pu l'attribuer tout aussi bien à Eugène Sue, à Emile Souvestre, ou à Eugène Sauzay ; au moins ce dernier était un musicien, il est vrai. bien jeune en 1813 ! J'ai eu beau questionner quelques contemporains de Scribe, aucun n'a pu m'affirmer s'il était, oui ou non, musicien. M. Ambroise Thomas, qui a beaucoup connu Scribe et collaboré avec lui, m'a dit qu'il ne croyait pas qu'il ait jamais composé un air quelconque ; il avait le sentiment du rythme musical, c'était un homme d'esprit, versifiant facilement, improvisant à l'instant des paroles sur un air qu'on lui chantait.

Enfin, pour faire plaisir à mon ami Loquin, j'ajouterai que peut-être un jour M. Scribe s'est soudainement senti inspiré, et qu'il a composé l'air de *Fanfan la Tulipe*, que sa cuisinière, qui pouvait être musicienne, lui aurait noté.

Le timbre de *Fanfan la Tulipe* a dû avoir du succès, il est déjà dans la seconde édition de la *Clé du Caveau* (1816).

Quant au nom de *La Tulipe*, il était prédestiné : l'abbé Mangenot s'en sert dans ses chansons, imprimées à Maestricht en 1776 : *Le Retour de M. de la Tulipe*.

(1) *Chants et Chansons populaires de la France.*
(2) *La Gironde*, 19 octobre 1879.

Moderato
p
CHANT
PIANO
f
f
p
Comme
l'ma_ri d'no_tre mè _ re Doit tou_jours s'app'_ler pa_
_pa, Je vous di_rai que mon pè _ re Un cer_
_tain jour me hap_pa, Puis me m'nant jusqu'au bas de la
cresc.

ram _ pe, M'dit ces mots qui m'mi_rent tout sens d'ssus
d'ssous: J'te di_rai, ma foi, Qui gni a plus pour toi Rien chez nous V'là cinq
sous, et dé_cam _ pe: En _ a _ vant, Fan _ fan La Tu_
_li _ pe, Oui mill' noms d'un' pipe, En a _ vant!

2

Puisqu'il est d'fait qu'un jeune homme,
Quand il a cinq sous vaillant,
Peut aller d'Paris à Rome,
Je partis en sautillant.
L' premier jour j' trottais comme un ange,
Mais l'lend'main je mourais quasi d'faim.
    Un r'cruteur passa
    Qui me proposa,
      Pas d'orgueil,
      J'men bats l'œil,
      Faut que j' mange :
    En avant, etc.

3

Quand j'entendis la mitraille,
Comm' je r'grettais mes foyers !
Mais quand j'vis à la bataille
Marcher nos vieux grenadiers ;
Un instant nous somm's toujours ensemble,
Ventrebleu ! me dis-je alors tout bas :
    Allons, mon enfant,
    Mon petit Fanfan,
      Vite au pas,
      Qu'on n' dis' pas
      Que tu trembles :
    En avant, etc.

4

En vrai soldat de la garde,
Quand les feux étaient cessés,
Sans r'garder à la cocarde,
J'tendais la main aux blessés ;
D'insulter des homm's vivant encore
Quand j'voyais des lâch's se faire un jeu,
    Quoi ! mill' ventrebleu !
    Devant moi, morbleu !
      J'souffrirais
      Qu'un Français
      S'déshonore ?
    En avant, etc.

5

Vingt ans soldat, vaill' que vaille,
Quoiqu'au d'voir toujours soumis,
Un' fois hors du champ d'bataille
J'nai jamais connu d'enn'mis.
Des vaincus la touchante prière
M'fit toujours voler à leur secours ;
    P'têt' c'que j' fais pour eux,
    Les malheureux
      L' front un jour
      A leur tour
      Pour ma mère :
    En avant, etc.

6

A plus d'un' gentill' friponne
Mainte fois j'ai fait la cour,
Mais toujours à la dragonne,
C'est vraiment l' chemin l' plus court.
Et j' disais quand un' fille un peu fière
Sur l'honneur se mettait à dada :
    N' tremblons pas pour ça,
    Ces vertus-là
      Tôt ou tard
      Finiss'nt par
      S' laisser faire :
    En avant, etc.

7

Mon père, dans l'infortune,
M'app'la pour le protéger ;
Si j'avais eu d' la rancune,
Quel moment pour me venger !
Mais un franc et loyal militaire
D' ses parents doit toujours être l'appui ;
    Si j' n'avais eu qu'lui,
    J' s'rais aujourd'hui
      Mort de faim ;
      Mais enfin
      C'est mon père :
    En avant, etc.

8

Maintenant je me repose
Sous le chaume hospitalier,
Et j'y cultive la rose,
Sans négliger le laurier.
D'mon armur' je détache la rouille.
Si le roi m'app'lait dans les combats,
    De nos jeun's soldats
    Guidant les pas,
      J' m'écrierais :
      J'suis Français !
      Qui touch' mouille :
    En avant,
    Fanfan la Tulipe,
    Oui, mill' noms d'un' pipe
      En avant !

Le trente et un du mois d'août

Ce combat naval, si chaleureusement décrit par une chanson de matelot, a dû se passer entre 1743 et 1745, époque où les corsaires français ont fait subir plus d'une défaite maritime aux Anglais, dont le rêve a toujours été l'empire des mers.

Cette chanson est incontestablement l'œuvre d'un marin ; quant à l'air, comme la plupart des airs fabriqués par le peuple, c'est une suite de réminiscences de chansons antérieures ou d'airs de chasse, gravés dans la mémoire du poète, ou plutôt des poètes et des chanteurs. Ces associations hybrides ont produit parfois des chansons originales, quoique faites par pièces et par morceaux On a limé, raboté l'idée première, et on a fini par aboutir à un ensemble curieux et non disparate.

çum' sous l'vent à nous, Le trente et un du mois d'A
oût Nous a per çum' sous l'vent à nous U ne fré
ga te d'An gle ter re Qui fen dait la mer z-et les
rit.
flots, C'é tait pour al ler à Bres lau.
f

2

Le capitaine au même instant ⎱ *bis.*
Fait appeler son lieutenant : ⎰
« Lieutenant, te sens-tu capable,
Dis-moi, te sens-tu assez fort
Pour aller accoster son bord ? »

3

Le ieutenant, fier-z-et hardi, ⎱ *bis.*
Lui répondit : « Capitaine, oui; ⎰
Faites monter votre équipage,
Braves soldàts et matelots,
Faites-les tous monter en haut. »

4

Le maître donne un coup de sifflet : ⎱ *bis.*
En haut larguez les perroquets, ⎰
Largue les ais et vent arrière,
Laisse porter jusqu'à son bord,
Pour voir qu'est-ce qui s'ra l' plus fort.

5

Vir' lof pour lof en arrivant, ⎱ *bis.*
Nous l'avons pris par son avant ⎰
A coup de haches d'abordage,
De piques et de mousqueton,
Nous l'avons mis à la raison.

6

Que va-t-on dir' de lui bientôt ⎱ *bis.*
En Angleterre et à Breslau ? ⎰
De l'avoir laissé prend' sa frégate
Par un corsair' de six canons,
Lui qu' en avait trente si bons ?

7

Buvons un coup, buvons-en deux ⎱ *bis.*
A la santé des amoureux, ⎰
A la santé du roi de France ;
Tant pis pour celui d'Angleterre,
Qui nous a déclaré la guerre.

--- ⋊ ---

Les trois matelots de Groix

Les chansons des marins sont particulièrement des chansons provenant des localités ou des environs où sont nés les marins qui les chantent durant leurs heures de flânerie sur le navire qui les porte.

On se doute bien aussi qu'en mer, parmi cette jeunesse (normande ou bretonne), il n'y ait pas quelques poètes de la nature, des improvisateurs plus ou moins bien doués.

Les chansons composées sur le gaillard d'arrière sont souvent assez graveleuses, se produisant devant des jeunes gars qui aiment à rire, et devant lesquels on peut tout dire sans les effaroucher.

La publicité orale de ces chansons a lieu quand une partie d'un équipage ou seulement quelques-uns des matelots sont transbordés sur un autre navire. Ils emportent avec eux leurs chansons dans leur mémoire, puis les transmettent au nouvel équipage, auquel on les associe.

Cette chanson des trois matelots de l'île de Groix est très répandue, et par suite très sujette à des variantes, aussi bien pour les paroles que pour l'air.

J'ai noté cette chanson à Vire, en l'entendant chanter à un pêcheur d'Islande. Depuis lors je l'ai retrouvée imprimée plusieurs fois ; je l'ai aussi entendu chanter avec de nombreuses variantes. La facétie du matelot qui tombe à la mer, et dont on ne retrouve que le garde-pipe et le couteau, a un attrait particulier pour les hommes de mer.

Il y a une variante qui dit qu'on n'a retrouvé que son garde-pipe et son chapeau. Cela me paraît plus naturel, le chapeau ayant pu surnager; mais pour le couteau, bien sûr que non, et c'est cette grosse bourde qui fait la joie des matelots.

Un poco allegretto
PIANO
prall.
Il é _ tait trois mat_lots de Groix, Il é _ tait trois mat_lots de
Groix, Em_bar_qués sur le Saint - Fran _ çois: Lan_la dé_ ri _
_ra la la la, Lan_la dé_ ri _ ra la lai _ re.

2

Embarqués sur le Saint-François, (*bis*)
Vint à souffler un vent d'Nord Oua :
    Lan la déri ra la la, etc.

3

Vint à souffler un vent d'Nord Oua, (*bis*)
Faut prend' un ris dans les zhuniers :
    Lan la déri ra la la, etc.

4

Faut prend' un ris dans les zhuniers ; (*bis*)
Mon matelot vint à monter.
    Lan la déri ra la la, etc.

5

Mon matelot vint à monter, (*bis*)
Le marche-pied vint à casser.
    Lan la déri la la, etc.

6

Le marche-pied vint à casser, (*bis*)
Mon matelot tomba-z-à l'eau.
    Lan la déri ra la la, etc.

7

Mon matelot tomba-z-à l'eau ; (*bis*)
On n'a sauvé que son chapeau.
    Lan la déri ra la la, etc.

8

On n'a sauvé que son chapeau (*bis*),
Son garde-pipe et son couteau.
    Lan la déri ra la la, etc.

9

Son garde-pipe et son couteau (*bis*).
Telle est la fin du matelot.
    Lan la déri ra lala, etc.

10

Telle est la fin du matelot (*bis*)
Qui trempa son biscuit dans l'eau.
    Lan la déri ra la la,
    Lan la déri ra la laire.

C'est un joli petit navire

Dire exactement l'âge de cette chanson rappelle une facétie bien connue : étant données la longueur du navire et la hauteur du grand mât, dire l'âge du capitaine !

Plaisanterie à part, ceci est bien certainement une chanson moderne, que j'ai publiée isolément en 1847 (1), d'après la version de Georges de La Landelle, qui, pour les chansons de matelots, en savait de reste.

Ce petit drame, d'une donnée possible, est plein de mouvement et d'émotion, à la condition d'être bien chanté, et non à la façon dont on hurle sa charge dans les ateliers :

> Il était un petit navire
> Qui n'avait ja ja, jamais navigué.

Le second vers de chaque couplet de la chanson se répète quelquefois en chœur, quand un chœur il y a, en guise de refrain ; chanté sur le pont par des matelots, on n'y manque jamais.

Je crois que cette pièce vient de la Bretagne, qui est, ou plutôt qui était un vrai nid à chansons.

(1) Sur le titre il y avait un charmant dessin de navire de Morel Fatio, cela s'appelait *la donna Maria*, édité chez Pacini, et maintenant devenu introuvable.

2

Au bout de quatorze semaines,
Le vin, le pain leur a manqué.   } bis.

3

Faut tirer à la courte paille,
Pour savoir qui sera mangé.   } bis.

4

Celui qui fait tirer les pailles,
La plus courte lui est restée.   } bis.

5

Le mousse entend le capitaine,
Sitôt il se mit à pleurer.   } bis.

6

« Laissez-moi monter dans la hune,
Pour vous le sort je subirai. »   } bis.

7

Le mousse monte dans la hune,
Ouvre l'œil de tous les côtés.   } bis.

8

« Je vois la brise qui se lève,
La mer sur les brisants briser.   } bis.

9

« Terre ! je vois la grande grève !
La girouette du clocher.   } bis.

10

« Je vois la flèche de l'église,
Et les cloches qu'on fait danser. »   } bis.

Chansons d'enfants

Rondes et Chansons à danser

Chansons d'enfants

Rondes et Chansons à danser

La première joie de l'enfant, joie inconsciente sans doute, c'est la chanson de sa nourrice. Qu'elle chante bien ou mal, l'enfant ne pleure plus, il se calme, il écoute. Si un dogue hurlait à la place de la nourrice, l'enfant pleurerait de plus belle. Quand la maman chante elle-même (et que de mamans ont appris à chanter en berçant leur enfant !), alors l'enfant s'endort dans un doux ravissement, il fait des rêves plus beaux que ceux qu'on fait à vingt ans : il voit des anges qui, tout en jouant de la harpe, montent au ciel et en redescendent sur des échelles d'or resplendissant ; l'enfant tend ses petits bras, il voudrait les toucher et jouer avec eux. Puis il voit des ruisseaux d'argent rayonnant, où viennent boire des chevreuils, ils font des sauts pleins de grâce, des cabrioles délicieuses... Mais un chien débouche d'un taillis, il les poursuit en aboyant. L'enfant effrayé s'éveille et pleure. La mère croit qu'il a faim et le gorge de lait... Et puis cela recommence ainsi pendant une année et plus.

C'est à la suite de cet âge que les mères, les grand'mères, aussi les grand'pères, deviennent des poètes, et inventent de ces prodigieuses chansons, bêtes et naïves à manger du foin, comme *Do do ; Ainsi font font font ; Ont-ils des jambes les petits bateaux ; La poulette blanche*, etc., etc., etc., et ces êtres charmants qui marchent en chancelant, dont l'esprit se débrouille, prennent cela pour du Victor Hugo de 1830.

A six ou sept ans, commence cette seconde joie, celle des chansons à danser, celle des rondes, qui rappellent bien encore, de temps en temps, la simplesse et la naïveté des premières chansons, mais qui ont en plus du rythme, et qui dégourdissent les petits bras et les petites jambes de ces bambins et de ces bambines roses, que la joie rend écarlates.

Les rondes, à peu près toutes anonymes, indiquent cependant des poètes plus expérimentés que ceux du premier âge.

Il y a, dans certaines de ces rondes d'enfants, un vrai sentiment d'originalité, quoiqu'à vrai dire le sentiment qui domine soit le sentiment des jambes.

Les chansons de jeu ont un grand attrait pour les enfants ; ce sont des histoires en action, il y a des personnages et des comparses ; l'amour-propre naissant de beaucoup de ces fillettes s'éveille et leur fait désirer de jouer un rôle, d'être la *Tour* ou la *Marguerite*, etc., bref, d'être le premier sujet, la *prima donna* dans ces pièces en plein air.

Ce ne sont évidemment pas les enfants qui ont combiné, créé ces pièces pleines de naïveté, puisqu'on prétend que Mme de Pompadour et Mme de Prie en ont inventé plusieurs ; les preuves nous manquent.

Entre quatorze et vingt ans, les jeunes filles ne dansent plus de rondes ; leur esprit a grandi comme leur taille, et ce sont les *chansons à danser* qui viennent les séduire à leur tour. On n'a pas dans tous les villages un ménétrier, ce sont alors les danseurs et les danseuses, se tenant par la main, qui remplacent l'orchestre, en chantant des chansons tendres, même très tendres, qu'on aurait pu ranger avec les *chansons d'amour;* mais, tout bien considéré, ces *chansons à danser* ne sont que le développement des rondes ; il est vrai que les jeunes filles les regardent par-dessus l'épaule et leur font la moue.

J'ai encore vu danser aux chansons, ce qui se pratiquait déjà au XVIIe siècle, et même avant, mais cette ancienne coutume tend à disparaître : les jeunes villageois d'aujourd'hui préfèrent gambader au son du cornet à pistons et du trombone : c'est plus étourdissant, plus entraînant, et voilà comme se perdent toutes les belles et bonnes choses du temps passé.

Dans le livre de Noël du Fail de la Hérissaye, *Discours d'aucuns propos rustiques*, etc. (1547), on voit que la chanson populaire n'était pas délaissée ; de même que Rabelais, du Fail en cite un assez grand nombre : *A vous point vu la péronelle ? — Au bois de dueil. — Qui la dira? — Alégez-moi, douce plaisante brunette. — Le petit cœur. — Hélas ! mon père m'a mariée. — Quand les Anglais descendirent. — Le rossignol du boys joly. — Sur les ponts d'Avignon. — Mon Dieu, je viens vers vous. — Tenez mon pain. — Qui veut du laict*, etc.

C'étaient là principalement des chansons à danser, « des chansons plus ménétrières que musiciennes ».

Le peuple, déjà à cette époque lointaine, composait une partie de ses chansons principalement sur des sujets qui lui plaisaient plus particulièrement, non pas tant sur les événements politiques, mais des histoires d'amour : « De tout quoy en firent une belle chanson qu'ils chantoient bien mélodieusement, puis la dançoient de bonne mesure. » Cette phrase : « et il en fut faite une bonne chanson » revient plusieurs fois; bref, on ne manquait pas de chansonner les ridicules et les faiblesses de son voisin, qui, à l'occasion, vous le rendait à son tour.

Arlequin tient sa boutique

Dans les curiosités sur les mœurs par Baur (Salomon) (1), il y a des origines sur Arlequin : « Les Français lui donnent la suivante. Sous Henri IV, une compagnie d'acteurs italiens vint à Paris ; parmi eux, un homme long et réjoui, que pour sa gaieté on voyait volontiers dans la maison Harlay de Chanvallon, où il y avait quatre enfants. Les domestiques, par jalousie, l'appelèrent *Harlay quint*, et le nom lui resta.

On a aussi voulu le faire dériver de Charles-Quint ; toutes ces origines sont sujettes à caution.

Ce qui est bien établi, c'est que ce personnage nous arriva d'Italie en 1680, sous le nom de Constantini. Plusieurs arlequins, entre autres Dominique, eurent de la célébrité.

Polichinel ou Polichinelle est un type populaire de l'ancien théâtre français, il précéda le *Pulcinello* italien.

On ne peut citer Polichinelle sans rappeler l'aventure du célèbre philologue Charles Nodier, grand amateur de Polichinelle. Un jour, arrêté devant une baraque des Champs-Elysées, il discourait avec le directeur sur le petit instrument appelé *pratique*, qu'on se met dans la bouche pour produire ce qu'on appelle la voix de Polichinelle.

Nodier, en essayant la pratique du directeur, observa que, par inattention, on pourrait avaler ce petit objet : « Ne craignez rien, ma pratique que vous avez dans la bouche, je l'ai déjà avalée trois fois. »

L'air d'Arlequin n'est pas rigoureusement le même que celui que j'ai publié il y a quelques années (2) ; celui-ci m'a été donné par mon ami Delibes, de regrettable mémoire ; il m'assura qu'il n'en avait jamais entendu d'autre pour Arlequin.

Comme cela peut arriver à tout le monde, Arlequin changeait parfois de logis, aussi existe-t-il une version qui dit :

> Arlequin tient sa boutique
> Dessous un grand parasol,
> Il attire la pratique
> Autant que votre guignol.

Où la jalousie ne va-t-elle pas se fourrer !

(1) Baur, *Denkwürdigkeiten* (Curiosités tirées de l'histoire des mœurs des différents peuples), 1823, vol. V.
(2) *Chansons et Rondes enfantines.* Garnier frères.

Pas trop vite
CHANT
PIANO
Ar _ le _ quin tient sa bou _ ti _ que Sur les
mar_ches du Pa _ lais, Il en _ sei _ gne la mu _ si _ que A tous
les pe_tits va _ lets: Oui, Monsieur Po, Oui, Monsieur li, Oui, Monsieur
chi, Oui, Monsieur nel, Oui, Mon _ sieur Po _ li _ chi _ nel.

2

Il vend des bouts de réglisse,
Meilleurs que votre bâton,
Des bons homm's en pain d'épice,
Moins bavards que vous, dit-on.
  Oui, Monsieur Po, etc.

3

Il a des pralines, grosses,
Bien plus grosses que le poing,
Plus grosses que les deux bosses
Qui sont dans votre pourpoint.
  Oui, Monsieur Po, etc.

4

Il a de belles oranges,
Pour les bons petits enfants,
Et de si beaux portraits d'anges,
Qu'on dirait qu'ils sont vivants.
  Oui, Monsieur Po, etc.

5

Il ne bat jamais sa femme,
Et ce n'est pas comme chez vous ;
Comme vous il n'a pas l'âme
Aussi dure que cailloux.
  Oui, Monsieur Po, etc.

6

Vous faites le diable à quatre ;
Mais pour calmer vot' courroux,
Le diable viendra vous battre,
Le diable est plus fort que vous.
  Oui, Monsieur Po,
  Oui, Monsieur Li,
  Oui, Monsieur Chi,
 Oui, Monsieur Polichinel.

Cendrillon

L'opéra comique que M. Etienne a écrit sur le conte de Perrault (1810) eut un grand succès, enguirlandé par la gracieuse musique de Nicolo, dont le nom français patronymique est Isouard. Ce compositeur était né à l'île de Malte ; il fut amené fort jeune à Paris par M. Constant de Campion, commandeur de l'ordre de Malte.

Durant les jours néfastes de la Révolution, Nicolo retourna à Malte, puis voyagea en Italie, où il parvint à faire son premier opéra.

Revenu à Paris, il fournit une glorieuse suite de succès à l'Opéra-Comique, mais à cette époque il y avait plus de gloire que d'argent à gagner.

C'était au commencement du premier Empire, il y avait brillante soirée à l'hôtel de Salm, le célèbre fournisseur des armées. Ouvrard s'y trouvait, il était grand amateur et même connaisseur en musique. En descendant l'escalier de l'hôtel, son pied faillit glisser sur un papier plié, qu'il ramassa. Rentré chez lui, il s'aperçut que c'était une saisie-arrêt pour le lendemain, aux dépens du compositeur Nicolo, duquel on venait d'exécuter avec succès plusieurs morceaux de musique. Il s'agissait d'une dette de trois mille francs. Le lendemain matin, Ouvrard envoya dix mille francs à Nicolo, avec une lettre charmante, qui en valait presque autant. Ce trait rappelle les dix mille francs que Paganini envoya à Berlioz.

<table>
<tr><td>

2

Mes sœurs, des soins du ménage,
Ne s'occupent pas du tout ;
C'est moi qui fais tout l'ouvrage,
Et pourtant j'en viens à bout.
Attentive, obéissante,
Je sers toute la maison,
Et je suis votre servante,   } *bis.*
La petite Cendrillon.

</td><td>

3

C'est en vain que je m'empresse,
Mon zèle est très mal payé,
Et jamais on ne m'adresse
Un petit mot d'amitié ;
Mais n'importe, on a beau faire,
Je me tais, et j'ai raison :
Dieu protégera, j'espère,   } *bis.*
La petite Cendrillon.

</td></tr>
</table>

Au clair de la lune

Il n'y a que les sauvages qui n'ont pas été bercés par cet air, si charmant de simplicité et de grâce (ils le seront peut-être un jour).

On chante *Au clair de la lune* dans son enfance, mais cela se chante aussi plus tard : le texte primitif n'a pas été fait pour les enfants. Je ne crois authentiques que les deux premières strophes ; *cet aimable Lubin*, qui survient comme mars en carême, n'est qu'une superfétation, ou, comme on dit en Belgique, *un ajoutage*. J'aime bien mieux cette improvisation à Jules Janin :

> Au clair de la lune,
> Mon ami Janin,
> Prête-moi ta plume
> Pour écrire un brin ;
> J'ai perdu la mienne,
> J'ai bien fait, parbleu!
> Prête-moi la tienne
> Pour l'amour de Dieu.

Enfin, pour ne rien oublier, je mentionnerai un couplet fait pour les enfants :

> J' n' ouvre pas la porte
> A un p'tit sorcier,
> Qui porte la lune
> Dans son tablier.

Porte et *lune* riment médiocrement, mais les enfants ne s'en aperçoivent nullement.

Dans mes collections manuscrites se trouvent de nombreuses chansons sur le timbre *Au clair de la lune*; elles sont vertes, même très gauloises. Quant à l'air dont j'ai parlé en mainte occasion, beaucoup de chroniqueurs de talent, insuffisamment imprégnés de l'histoire de la musique, ont attribué ce thème à Lulli ou à Rameau ; il n'est ni de l'un ni de l'autre.

La première partie se trouve dans *Gaudinette* (1), la seconde partie est tout ce qu'il y a de plus moderne : elle module, comme de nos jours; cette seconde partie ne pouvait exister en 1576, aussi ne se trouve-t-elle pas dans les *Voix de ville* publiés par Chardavoine.

Le *Pierrot* est un personnage né en France, même à Paris, sur le théâtre de l'Ancienne Comédie italienne : il était particulièrement chargé de rôles scabreux.

(1) Voyez page 16.

CHANT
PIANO
Lent
p
Au clair de la lu _ ue, Mon a _ mi Pier _
_ rot, Prê _ te-moi ta plu _ me Pour é _ crire un mot.
mf
cresc.
Ma chandelle est mor _ te, Je n'ai plus de feu,
cresc.
f
p
Ou _ vre-moi ta por _ te Pour l'amour de Dieu._

2e Couplet
Au clair de la lu _ ne, Pier _ rot ré _ pon _ dit:
p
Je n'ai pas de plu _ me, Je suis dans mon lit;
p
poco cresc.
Va chez la voi _ si _ ne, Je crois qu'elle y est, ____
poco cresc.
decresc.
Car dans sa cui _ si _ ne On bat le bri _ quet.
f

La belle Boulangère

Cette chanson a une origine fort ancienne, elle paraît déjà en 1612 dans les chansons de Bellonne (1), avec le titre de *Chanson nouvelle* sur le chant de *Chalumes la Mulotte*. Ne connaissant pas ce timbre, j'en exprimais mes regrets dans un volume paru en 1886 chez Firmin Didot : *La Chanson populaire*. Ce fut mon érudit ami Anatole Loquin qui me mit sur la voie, en m'indiquant le *Recueil de plusieurs belles chansons des Comédiens françois*, Caen, Mangeant, 1626. Je m'empresse de transcrire ici cet air de *Chalumes la Mulotte* :

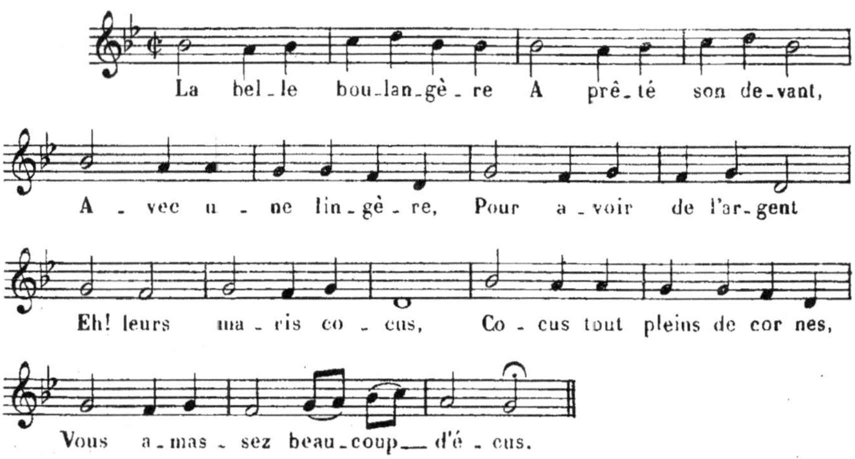

Il eût été curieux de donner les diverses transformations de *la Boulangère* entre Etienne de Bellonne et la chanson d'aujourd'hui ; mais je n'ai pas ces documents, si toutefois ils existent.

Dans le second volume des *Rondes et Chansons à danser*, publiées en 1724 par les Ballard, il y a une *Boulangère*. Le commencement est, à peu de chose près, l'air d'aujour-

---

(1) *Le second livre des Chansons folastres et Prologues tant superlifiques que drolatiques de Comédiens français par Estienne Bellonne, Tourangeau*, Rouen, J. Petit, 1612.

d'hui, mais le reste s'en éloigne. Quant aux misérables versiculets que Ballard a fait ajuster à cet air, il n'y a rien de *la belle Boulangère*.

Du Mersan et Noël Ségur attribuent les couplets qui suivent le premier de *la Boulangère*, au chansonnier Gallet, ce qui est très possible ; mais ce qui ne l'est pas du tout, c'est d'attribuer l'air à Mondonville, qui était un musicien ; or *la Boulangère*, assez incommode à harmoniser, procède musicalement de la manière la plus irrégulière. Cet air commence en *ut*, passe en *la mineur* et finit en *sol*.

La belle Boulangère

<table>
<tr><td>

2

— D'où te viennent tous ces écus,
Charmante boulangère ?
— Ils me viennent d'un gros Crésus,
Dont je fais bien l'affaire,
    Vois-tu,
Dont je fais bien l'affaire.

3

Pour me voir aussi sont venus
De galants militaires ;
Mais je préfère _es Crésus
A tous les gens de guerre,
    Vois-tu,
A tous les gens de guerre.

</td><td>

4

Des petits maîtres sont venus,
En me disant : « Ma chère,
Vous êtes plus belle que Vénus » ;
Je n' les écoutais guère,
    Vois-tu,
Je n' les écoutais guère.

5

Eh bien ! épouse ma vertu,
Travaill' de bonn' manière,
Et tu ne seras pas déçu
Avec la boulangère
    Aux écus,
Avec la boulangère.

</td></tr>
</table>

Biquette

Cette singulière chanson est ce qu'on appelle une *scie*. Elle a beaucoup d'attrait pour les enfants, car on la rencontre non seulement dans nos provinces, mais dans les pays étrangers, mettons en Europe. M. Ampère l'a prise au sérieux, et voici ce qu'il en dit à la page 19 de ses *Instructions relatives aux poésies populaires de la France* : « Tout chant contenant une formule d'incantation, une allusion à des superstitions plus ou moins bizarres, devra être également recueilli avec soin ; tel est le *Conjurateur et le loup,* envoyé au comité par M. Priry, correspondant à Remiremont, et qui se retrouve dans plusieurs parties de la France. Dans ce singulier morceau, les divers éléments sont successivement évoqués comme dans les runes scandinaves ou finnoises : ils se refusent à l'action de l'homme, et n'agissent que quand le diable paraît. Le fond de ce chant étrange doit être fort ancien. »

Que le fond soit ancien, je n'en sais trop rien ; mais quant au texte que chantent les enfants, s'il n'est pas précisément d'hier, il est du xviiie ou du xixe siècle; l'air a le même âge.

Ma version a un couplet de plus que la chanson envoyée au comité, dans laquelle le loup représente le principal personnage.

La chèvre est un personnage important dans les mythes scandinaves (1).

(1) Voyez Nork, *Real Wörterbuch,* Stuttgart, 1845, 4 vol.

_quet_te, bi_quet_te, Ah! tu sor_ti_ras de ce chou là!
On en_voi'chercher le chien A_fin de mordre bi_quett:Le chien ne veut
pas mordre bi_quett', biquett'ne veut pas sor_tir du chou: Ah! tu
sor_ti_ras, bi_quet_te,biquet_te, Ah! tu sor_ti_ras de ce chou là!

2

On envoi' chercher le loup
Afin de manger le chien.
  Le loup ne veut pas
  Manger le chien,
  Le chien ne veut pas
  Mordre Biquette,
  Biquett' ne veut pas
  Sortir du chou :
Ah ! tu sortiras, etc.

3

On envoi' chercher l'bâton,
Afin d'assommer le loup.
  Le bâton n' veut pas
  Assommer le loup,
  Le loup ne veut pas
  Manger le chien,
  Le chien ne veut pas
  Mordre Biquette,
  Biquett' ne veut pas
  Sortir du chou :
Ah ! tu sortiras, etc.

4

On envoi' chercher le feu,
Afin de brûler l'bâton.
  Le feu ne veut pas
  Brûler le bâton,
  Le bâton n'veut pas
  Assommer le loup,
  Le loup ne veut pas
  Manger le chien,
  Le chien ne veut pas
  Mordre Biquette,
  Biquett' ne veut pas
  Sortir du chou :
Ah ! tu sortiras, etc.

5

Lors on envoi' chercher l'eau
Afin d'éteindre le feu.
  Mais l'eau ne veut pas
  Éteindre le feu,
  Le feu ne veut pas
  Brûler le bâton,
  Le bâton n'veut pas
  Assommer le loup,
  Le loup ne veut pas
  Manger le chien,
  Le chien ne veut pas
  Mordre Biquette,
  Biquett' ne veut pas
  Sortir du chou :
Ah ! tu sortiras, etc.

6

On envoi' chercher le veau
Pour lui faire boire l'eau.

  Le veau ne veut pas
  Boire l'eau,
  L'eau ne veut pas
  Éteindre le feu,
  Le feu ne veut pas
  Brûler le bâton,
  Le bâton n'veut pas
  Assommer le loup,
  Le loup ne veut pas
  Manger le chien,
  Le chien ne veut pas
  Mordre Biquette,
  Biquett' ne veut pas
  Sortir du chou :
Ah ! tu sortiras, etc.

7

On envoi' chercher l' boucher
Afin de tuer le veau.
  Le boucher n'veut pas
  Tuer le veau,
  Le veau ne veut pas
  Boire l'eau,
  L'eau ne veut pas
  Éteindre le feu,
  Le feu ne veut pas
  Brûler l'bâton,
  Le bâton n' veut pas
  Assommer le loup,
  Le loup ne veut pas
  Manger le chien,
  Le chien ne veut pas
  Mordre Biquette,
  Biquett' ne veut pas
  Sortir du chou :
Ah ! tu sortiras, etc.

8

On envoi' chercher le diabl'
Pour qu'il emport' le boucher.
  Le diable veut bien
  Emporter le boucher,
  Le boucher veut bien
  Tuer le veau,
  Le veau veut bien
  Boire l'eau,
  Et l'eau veut bien
  Éteindre le feu,
  Le feu veut bien
  Brûler le bâton,
  Le bâton veut bien
  Assommer le loup,
  Le loup veut bien
  Manger le chien,
  Le chien veut bien,
  Mordre Biquette,
  Biquette veut bien
  Sortir du chou :
Ah ! tu sortiras, etc.

La Monaco

La *Monaco* est une ancienne contredanse, dont Radet se servit en 1792 dans sa comédie-vaudeville *la Matrone d'Ephèse*. Les maitres à danser au xviiie et au commencement du xixe siècle étaient si riches... dans leurs inventions de contredanses, qu'ils en semaient des milliers à droite et à gauche, sans seulement y mettre leur nom, et voilà comme quoi nous ne connaissons pas l'illustre auteur de la *Monaco* (1).

On rapporte que Napoléon sifflait volontiers l'air de *Malbrough* ou celui de la *Monaco* quand il se mettait en selle.

Les enfants nous ont conservé dans leurs rondes l'air de la *Monaco*, qui dévie passablement de l'air de la *Matrone d'Ephèse*, que voici :

(1) Castil Blaze, dont la verve méridionale ne négligeait aucune occasion de berner ses lecteurs, raconte, dans le second volume de son *Molière musicien*, qu'en 1641 Honoré II, prince de Monaco, parvint à expulser de son rocher les Espagnols, qui s'y tenaient illégalement. La pièce de Radet ni son vaudeville de *la Monaco* n'ont aucun rapport avec cette histoire.

Allegretto
CHANT
PIANO
A la Mo_na_co___ L'on___
chas_se, l'on dé_chas_se, A la Mo_na_co L'on
chasse comme il faut Les demoi_sell's qui ne sav'nt pas dan_
_ser,_______ On leur fait fai_re la chaîne an_glai_se:

Les de_moi_sell's qui ne sav'nt pas dan_ser,
On leur fait fai _ re la_ chaiue an_glai _ se.
A la Mo_na _ co_ l'on_ chasse, l'on dé _ chas _ se
A la Mo_na _ co L'on chasse comme il faut.

Do do l'Enfant do

Dans le *Cinquième Recueil de contredanses avec la basse chiffrée, recueillies et mises en ordre par M. Leclerc,* on trouve au n° 215 :

Cette publication a été faite entre 1747 et 1748, et je crois que c'est la première fois que parait le thème de *do do* imprimé ou gravé. De plus, cette berceuse, universelle en France, a comme origine une contredanse. comme beaucoup de chansons populaires de nos jours Sa chevelure a eu le temps de blanchir, puisqu'il y a déjà au moins cent cinquante ans que le thème du *do do* a été mis au jour pour la première fois. Quoique les paroles n'aient pas exigé un grand effort poétique, je les crois du xvi° siècle ; c'est une appropriation très moderne.

And.no quasi allegretto
poco rit.
PIANO
mf
p
p
a tempo
Do   do   l'en _ fant   do   L'en _ fant
p
dor _ mi _ ra tan _ tôt.   Do   do   l'en _ fant
p
rit.
do,   L'en _ fant   dor _ mi _ ra tan _ tôt.____
rit.

Giroflé Girofla

C'est une ancienne chanson de jeu, ayant existé avant la Révolution ; elle est restée dans la tradition des fillettes. qui la savent et la dansent encore. La mise en scène de *Giroflé* n'est d'ailleurs pas bien compliquée : elle exige cependant une soliste, une coryphée, plus éveillée que les autres. C'est elle qui commence : *Que t'as de belles filles, Giroflé, Girofla*. Après les deux premiers couplets en solo, tout le reste de la troupe, se tenant par la main, et représentant le personnage *Giroflé Girofla*, s'avance à son tour en chantant : *Pas seulement la queue d'une*, etc. Cette conversation (toujours en avançant ou en reculant) continue jusqu'à la fin, où se présente la question insidieuse : *Si le diable t'y rencontre ?*

La coryphée répond avec une grosse voix : *Je lui ferai les cornes* (avec imitation). Aussitôt la jeune troupe s'éparpille au milieu de cris joyeux et non moins perçants, le bonheur étant à son comble.

Je crois me rappeler que c'est dans une des provinces du Nord que j'ai entendu la **version** suivante, qui me paraît avoir un certain âge :

> Que t'as de jolies filles,
>   Olivé Beauvé (1) !
> Que t'as de jolies filles
> Sur le Pont chevalier !

> — Ell's sont plus joli's que les tiennes,
>   Olivé Beauvé,
> Ell's sont plus joli's que les tiennes,
>   Sur le Pont chevalier.

>   — Veux-tu m'en donner une,
>   Olivé Beauvé,
> Veux-tu m'en donner une,
> Sur le Pont chevalier ?

>   — J' la donn' si tu l'attrapes,
>   Olivé Beauvé,
> J' la donn' si tu l'attrapes,
> Sur le Pont chevalier.

MM. Durieux et Bruelle, dans leurs *Chansons du Cambrésis* (1864), font remarquer la ressemblance d'une de leurs pièces (*la Boiteuse*) avec *Giroflé Girofla* :

> Je m'en vais au bois seulette,
> Gilotin, Gilotine, etc.

(1) Sans doute *Olivier Beauvé*.

La ressemblance est bien plus grande dans la chanson publiée dans les *Traditions des Ardennes*, par Albert Meyrac :

> As-tu de belles filles,
> Gilotin, Gilotine ?
>
> — Oui, j'en ai de belles,
> Puisque l'amour m'y contraint.
>
> M'en donneras-tu pas une,
> Gilotin, Gilotine? etc.
>
> — Pas seulement la queue d'une,
> Gilotin, Gilotine, etc.
>
> J'irai au bois céleste (1),
> Gilotin, Gilotine, etc.
>
> Quoi faire au bois céleste,
> Gilotin, Gilotine? etc.
>
> Cueillir la violette,
> Gilotin, Gilotine, etc.
>
> Pour qui cette violette,
> Gilotin, Gilotine? etc.
>
> Pour une de tes filles,
> Gilotin, Gilotine, etc.

Ici finit la chanson, et il n'y a pas le moindre doute que c'est une faible réminiscence de *Giroflé*, avec des trous dans la mémoire du chanteur. On conviendra sans peine que la ronde *Giroflé Girofla*, telle qu'on la chante à Paris, est très supérieure et bien plus complète que toutes les déviations que j'ai citées.

Quant a l'air de *Giroflé*, je le suppose né sous forme d'un fragment de contredanse à la fin du xviii⁰ siècle ; je le trouverai peut-être un jour, quand je ne le chercherai plus.

N'est-il pas singulier que cette jolie chanson, si connue, si répandue, n'ait pas trouvé sa place dans *la Clé du Caveau*, qui renferme tant d'inepties, depuis la première édition, 1815, jusqu'à la dernière, la quatrième, déposée en 1872, et qui, malgré cet encombrement de flonflons restés inconnus, a été si utile aux vaudevillistes, génération disparue parce qu'on ne fait plus de vaudevilles, genre né en France?

(1) Pour *seulette* évidemment.

Un poco allegretto
légèrement
CHANT
PIANO
Que t'as de bel_les fil_les, Gi_ro_
_flé, Gi_ro_fla! Que t'as de bel_les fil_les, L'amour m'y comp_
_t'ra! Ell's sont bell's et gen_til_les, Gi_ro_flé Gi_ro_
_fla! Ell's sont bell's et gen_til_les, L'amour m'y comp_t'ra.

2

Donnez-moi-z'en donc une,
Giroflé, Girofla,
Donnez-moi-z'en donc une,
L'amour m'y compt'ra.
— Pas seul'ment la queu' d'une,
Giroflé, Girofla,
Pas seul'ment la queu' d'une,
L'amour m'y compt'ra.

3

J'irai au bois seulette,
Giroflé, Girofla,
J'irai au bois seulette,
L'amour m'y compt'ra.
— Quoi faire au bois seulette,
Giroflé, Girofla,
Quoi faire au bois seulette ?
L'amour m'y compt'ra.

4

Cueillir la violette,
Giroflé, Girofla,
Cueillir la violette,
L'amour m'y compt'ra.
— Quoi fair' d' la violette ?
Giroflé, Girofla,
Quoi fair' d' la violette ?
L'amour m'y compt'ra.

5

Pour mettre à ma coll'rette,
Giroflé, Girofla,
Pour mettre à ma coll'rette,
L'amour m'y compt'ra.
— Si le roi t'y rencontre,
Giroflé, Girofla,
Si le roi t'y rencontre,
L'amour m'y compt'ra.

6

J' lui f'rai trois révérences,
Giroflé, Girofla,
J' lui f'rai trois révérences,
L'amour m'y compt'ra.
— Si la rein' t'y rencontre,
Giroflé, Girofla,
Si la rein' t'y rencontre,
L'amour m'y compt'ra.

7

J' lui f'rai trois révérences,
Giroflé, Girofla,
J' lui f'rai trois révérences,
L'amour m'y compt'ra.
— Si le diabl' t'y rencontre,
Giroflé, Girofla,
Si le diabl' t'y rencontre,
L'amour m'y compt'ra.

8

Je lui ferai les cornes,
Giroflé Girofla,
Je lui ferai les cornes,
L'amour m'y compt'ra.

Il était une bergère

Le châtiment de ce pauvre chat est bien dur, pour avoir lampé un peu le dessus du pot au lait. D'ailleurs, la bergère ne lui avait promis que du bâton, et cette vilaine fille devait s'en tenir là : enfin le chaton y a passé !

J'ai lu quelque part cette petite variante :

> Elle s'en fut à confesse
> Vers le père Grignon.

Tout le monde sait que les fillettes se tiennent par la main et tournent en rond, tandis qu'elles chantent.

C'est ce qu'elles font généralement en chantant leur répertoire ; elles ne se tiennent en groupe que pour les chansons de jeu, qui ont des positions de convention indispensables.

L'air a été fait probablement par les fillettes elles-mêmes, inconsciemment, en se servant de bribes de phrases qu'elles se rappelaient, aidées un peu par une maman musicienne et douée.

Allegretto
CHANT
PIANO
mf
mf
Il é _ tait un' ber _
_ gè _ re, Et ron ron ron, pe _ tit pa _ ta _ pon, Il
é _ tait un' ber _ gè _ re Qui gar _ dait ses mou _
p
p
_ tons, ron ron, Qui gar _ dait ses mou _ tons.

2

Elle fit un fromage,
  Et ron ron ron,
  Petit patapon,
Elle fit un fromage
Du lait de ses moutons,
  Ron, ron,
Du lait de ses moutons.

3

Le chat qui la regarde,
  Et ron ron ron,
  Petit patapon,
Le chat qui la regarde
D'un petit air fripon,
  Ron, ron,
D'un petit air fripon.

4

Si tu y mets la patte,
  Et ron ron ron,
  Petit patapon,
Si tu y mets la patte
Tu auras du bâton,
  Ron ron,
Tu auras du bâton.

5

Il n'y mit pas la patte,
  Et ron ron ron,
  Petit patapon,
Il n'y mit pas la patte,
Il y mit le menton,
  Ron, ron,
Il y mit le menton.

6

La bergère en colère,
  Et ron ron ron,
  Petit patapon,
La bergère en colère
Tua son p'tit chaton,
  Ron, ron,
Tua son p'tit chaton.

7

Elle fut à confesse,
  Et ron ron ron,
  Petit patapon,
Elle fut à confesse
Pour obtenir pardon,
  Ron ron,
Pour obtenir pardon.

8

Mon père, je m'accuse,
  Et ron ron ron,
  Petit patapon,
Mon père, je m'accuse
D'avoir tué mon chaton,
  Ron, ron,
D'avoir tué mon chaton.

9

Ma fill', pour pénitence,
  Et ron ron ron,
  Petit patapon,
Ma fill', pour pénitence
Nous nous embrasserons,
  Ron, ron,
Nous nous embrasserons.

10

La pénitence est douce,
  Et ron ron ron,
  Petit patapon,
La pénitence est douce,
Nous recommencerons,
  Ron, ron,
Nous recommencerons.

Il court, il court, le furet !

Ronde

———

Le *furet* est une ancienne chanson de jeu, qu'on ne trouve plus guère aujourd'hui que dans le répertoire des petites fillettes. Elle se tiennent en rond, les mains sur une corde nouée par les deux bouts, et sur laquelle est enfilé un anneau. La fillette qui est au milieu du cercle cherche à attraper l'anneau, qu'on masque de son mieux en se serrant les mains.

Dans mon enfance j'ai vu ce jeu joué, en Alsace, d'une autre façon et par de grandes personnes : on s'asseyait par terre en rond, les genoux relevés en triangle, et en se serrant, cela formait un passage, un couloir, dans lequel on se transmettait au plus vite possible le soulier d'un des joueurs, qu'une personne placée au milieu du cercle était chargée de retrouver.

Qu'on s'étonne si l'on veut : c'était très amusant et l'on riait beaucoup ; on appelait cela le *jeu de la savate*.

Le *furet*, je l'avoue, est beaucoup plus convenable, et la chanson en est charmante, il est bon de la perpétuer, sa tournure est originale, quelque ancien air à danser.

M. Bladé, dans ses *Poésies populaires de l'Armagnac et l'Agenais,* donne une variante, parfaitement ignorée de nos fillettes :

Il court, il court,
Le furet du Roi, mesdames,
Il court, il court,
Le furet du roi d'amour !
Cours, cours, cours, le furet,
Passé, passé, passé sous le tapis.

2

Il est passé par ici,
Le furet du Roi, Mesdames,
Il est passé par ici,
Le furet du roi Henry,
Cours, cours, cours, le furet,
Passé, passé sous le tapis.

Au reste, cela ne pourrait se chanter sur l'air connu et archiconnu.

A la page 263 de son livre intéressant des *Chansons populaires du Canada*, M. Ernest Gagnon dit : « On chante en France :

Il est passé par ici
Le furet des bois, Mesdames,
Il est passé par ici
Le furet du bois joli.

« Nous autres, Canadiens, qui avons conservé des idées plus monarchiques, nous chantons :

Il est passé par ici
Le clairon du Roi, Mesdames,
Il est passé par ici,
Le clairon du roi joli. »

Il court, il court, le furet

p   légèrement
_ ret du bois jo _ li.   Il a   pas_sé par i _ ci   Le fu _ ret du bois Mes_
p
_dam's,   Il a   pas _ sé par i _ ci   Le fu _ ret du bois jo _
f
_ li. Il court, il   court   le fu _ ret,   le fu _ ret du bois Mes_
f
_dam's, Il court, il   court   le fu _ ret,   Le fu _ ret du bois jo _ li!

Qu'est-ce qui passe ici si tard ?

ou

Les compagnons de la Marjolaine

Ronde

Quoique, à Paris, le guet soit une fort ancienne institution, moitié militaire, moitié bourgeoise, pour la protection nocturne des citoyens, je crois cette chanson plutôt née dans le nord de la France (où elle est très connue) qu'à Paris même.

Dès le milieu du xiiie siècle on mentionne le guet, et comme il ne disparut que vers la fin du xviiie siècle, il est permis de donner cent ans d'existence à cette chanson, où l'on se rappelle encore le *chevalier du guet* :

MM. Durieux et Bruyelle (1), en reproduisant cette ronde, citent une autre version, dans laquelle on remarque quelques expressions en patois *rouchi* (2), ce qui vient confirmer son origine du nord de la France :

C'est une fille à marier,
Le romarin, etc.

A marier n'en avons pas,
Le romarin, etc.

On a dit que vous en aviez,
Le romarin, etc.

Celui qui l'a dit a menti,
Le romarin, etc.

Venez dimanche après-midi,
Le romarin, etc.

Je m'en vais fair' mon tour de France,
Le romarin, etc.

Nous somm's dimanche après midi,
Le romarin, etc.

Bonjour, Madam', me v'là r'venu,
Le romarin, etc.

Prenez la plus joli' de tout's,
Le romarin, etc.

Voilà la plus joli' de tout's,
Le romarin, etc.

M. Durieux croit que cette version est la plus ancienne, et qu'elle a servi de patron à celle qui se chante encore aujourd'hui. La raison qu'il en donne est assez singulière : c'est que cette chanson patoise du Cambrésis n'a que sept mesures, tandis que l'autre en

(1) *Chants et chansons populaires du Cambrésis*, 2 vol.
(2) *Rouchi*, patois de l'ancien Hainaut.
NOTA. Au xve siècle on ne disait pas : aller donner des sérénades, mais bien : *aller réveiller les pots de marjolaine*.

a huit. Cela ne prouve en rien son ancienneté, mais cela prouve que la version nous vient du peuple, qui n'y regarde pas de très près, en fait de carrure des phrases musicales, qui mêle volontiers les temps *binaires* avec les temps *ternaires* dans la même chanson, et qui oublie même quelquefois le ton dans lequel il chante: telle, la ronde de la *Boulangère*, qui commence en *ut* pour finir en *sol*.

Cette pièce est dialoguée entre la ronde qui tourne en chantant, et *le Chevalier du guet*, qui se tient à une certaine distance.

Au dernier couplet, toute la ronde élève les bras, sans quitter les mains, le chevalier passe dessous, après avoir choisi une des fillettes.

Les Compagnons de la Marjolaine

2

(Le Chevalier)

C'est le chevalier du guet,
Compagnons de la Marjolaine,
C'est le chevalier du guet,
Gai, gai, dessus le quai.

3

(La Ronde)

Que demand' le chevalier ?
Compagnons de la Marjolaine,
Que demand' le chevalier ?
Gai, gai, dessus le quai.

4

(Le Chevalier)

Une fille à marier,
Compagnons de la Marjolaine,
Une fille à marier,
Gai, gai, dessus le quai.

5

(La Ronde)

N'y a pas d' fille à marier,
Compagnons, etc.

6

(Le Chevalier)

On m'a dit qu' vous en aviez,
Compagnons, etc.

7

(La Ronde)

Ceux qui l'ont dit s' sont trompés,
Compagnons, etc.

8

(Le Chevalier)

Je veux que vous m'en donniez,
Compagnons, etc.

9

(La Ronde)

Sur les onze heur's repassez,
Compagnons, etc.

10

(Le Chevalier)

Les onze heur's sont bien passé's,
Compagnons, etc.

11

(La Ronde)

Sur les minuit revenez,
Compagnons, etc.

12

(Le Chevalier)

Voilà les minuit sonnés,
Compagnons, etc.

13

(La Ronde)

Mais nos filles sont couché's,
Compagnons, etc.

14

(Le Chevalier)

En est-il un' d'éveillé' ?
Compagnons, etc.

15

(La Ronde)

Qu'est-ce que vous lui don'rez ?
Compagnons, etc.

16

(Le Chevalier)

De l'or, des bijoux assez,
Compagnons, etc.

17

(La Ronde)

Ell' n'est pas intéressé',
Compagnons, etc.

18

(Le Chevalier)

Mon cœur je lui donnerai ;
Compagnons, etc.

19

(La Ronde)

En ce cas-là choisissez,
Compagnons de la Marjolaine,
C'est le chevalier du guet,
Gai, gai, dessus le quai !

Sur le Pont d'Avignon

Dans l'*Odhecaton de Petrucci*, lettre C (3ᵉ partie), 1503, il y a une chanson intitulée *Sur le pont d'Avignon* ; l'air n'a aucun point de contact avec celui d'aujourd'hui, et probablement qu'il en était de même du texte, que nous ne possédons plus. La version du pont d'Avignon, donnée par M. Douen (1), tout en ayant un air de famille avec celle de Petrucci, en diffère considérablement.

Les Français du Canada ont trois chansons *Sur le pont d'Avignon* : d'abord notre air actuel, sauf une toute petite altération dans deux mesures ; puis ils ont encore deux autres versions, avec des airs tout différents (2). L'une d'elles commence par :

> Sur le pont d'Avignon
> Trois dames s'y promènent,
> Ma dondaine,
> Trois dames s'y promènent,
> Ma dondé.

La troisième version est tout à fait gentille :

(1) *Clément Marot et le Psautier huguenot*, par V. Douen, vol. I, p. 684.
(2) *Chansons populaires du Canada*, par Ernest Gagnon, Québec, 1865.

A la 1ʳᵉ strophe, les enfants saluent avec le chapeau et font une révérence de dame.

A la 2ᵉ strophe, une simple inclination de tête et le salut militaire.

A la 3ᵉ strophe, en dodelinant de la tête, et pour le gamin un pied de nez.

> Elle chantait d'un ton si doux, (*bis*)
> Comme une demoiselle ;
> lon la, etc.
>
> Que le fils du roi l'entendit, (*bis*)
> Du logis de son père,
> lon la, etc.
>
> Il appela ses serviteurs, (*bis*)
> Valets et chambrières,
> lon la, etc.
>
> Ça, que l'on bride mon cheval, (*bis*)
> Et lui mette sa selle,
> lon la, etc.
>
> « Monsieur, où voulez-vous aller ? (*bis*)
> Ce n'est qu'une bergère »,
> lon la, etc.
>
> Bergère ou non, je veux la voir, (*bis*)
> Ou que mon cheval crève ;
> lon la,
> Ou que mon cheval crève.

Le *Théâtre de la Foire* (5ᵉ volume) donne bien un air (au n° 129) *Sur les ponts d'Avignon*, mais il ne ressemble à aucun de ceux qui viennent d'être cités, et comme le texte ne se trouve pas avec l'air (en mineur) il a semblé inutile de le reproduire. Ballard a publié ce même air des *ponts d'Avignon*, la première moitié du moins, dans le 3ᵉ volume des *Brunettes* :

> Sur le pont d'Avignon
> J'ai ouï chanter la belle
> Qui dans son chant disait, etc.

Je vais emprunter à MM. Durieux et Bruyelle (1) la légende de cette chanson : « Nous lisons dans l'histoire que le célèbre monument, aujourd'hui en ruines (le pont d'Avignon), fut commencé en 1177 par un jeune pâtre d'Alvilard dans le Vivarais, nommé Benezet, que l'on mit plus tard au rang des saints. Ce travail, dont le but était de joindre, pour la première fois, les deux rives du Rhône, et par suite de mettre plus facilement en communication la Provence, le Comtat-Venaissin et le Dauphiné, dura onze ans. Il fut terminé qu'après la mort de celui qui l'avait conçu et qui lui donna son nom : pont de Saint-Benezet.

Une tradition, qui s'est conservée jusqu'à nos jours, nous apprend que c'est sur l'ordre de Dieu même que le pauvre paysan entreprit son œuvre. Pour convaincre de la sainteté de sa mission, l'évêque Pons et le viguier d'Avignon, qui l'accusaient d'imposture, Benezet porta, en leur présence, jusque sur le bord du fleuve, une pierre que trente hommes n'eussent pu remuer. Après ce miracle, il reçut en don, du peuple, 5.000 sous, pour l'aider dans son entreprise. »

(1) *Chants et chansons populaires du Cambrésis*, 2 vol. in-8°, sans date.

Allegretto
CHANT
PIANO
Sur le pont d'A_vi_gnon L'on y pas_se L'on y dan_se,
Sur le pont d'A_vi_gnon L'on y dan_se tous en rond. FIN
Les messieurs font comm' ça, Les dames font comm' ça
Les ab_bés font comm' ça, Les soldats font comm' ça
Les bu_veurs font comm' ça, Les gamins font comm' ça

Dansons la Capucine

Ronde

C'est une des rondes les plus connues des enfants de Paris. Mme Franceschi, du Théâtre-Français, me l'a chantée il y a fort longtemps, et depuis je l'ai entendue bien des fois par de petites fillettes dans les squares. M. Eugène Rolland donne une toute autre version comme paroles et comme air (1) ; il ajoute que cela se chante ainsi dans toute la France. Si c'est en province, je n'en sais trop rien, je donne la version de Paris ; mais pour qu'on puisse comparer, je donne la version que M. Rolland indique pour Paris :

(1) *Rimes et jeux de l'enfance*, 1883, Maisonneuve.

2

Dansons la capucine,
Y'a pas de vin chez nous,
Y'en a chez la voisine,
Mais ce n'est pas pour nous.

3

Dansons la capucine,
Y'a pas de feu chez nous,
Y'en a chez la voisine,
Mais ce n'est pas pour nous.

4

Dansons la capucine,
Y'a du plaisir chez nous ;
On pleur' chez la voisine,
On rit toujours chez nous.

Marie, tremp' ton pain

Il n'y a pas à hésiter sur l'origine de cet air : une contredanse pas très vieille. Ce qui m'intrigue bien un peu, c'est que cet air est très populaire en Alsace, où je le connaissais il y a plus de soixante ans, et n'a encore rien perdu de sa popularité : a-t-il voyagé de France en Alsace, ou bien de l'Alsace en France ? Ma science ne va pas jusqu'à pouvoir décider cette grave question.

Voici toujours le commencement de cette chanson alsacienne :

Saute, Lisette,
Saute, Lisette,
Lève le pied
Pour danser.

Marie, tremp' ton pain

Tremp'ton pain, Marie, Tremp'ton pain dans la sau_ce, Tremp'ton pain, Marie,
Tremp' ton pain, Ma_rie, Tremp' ton pain Dans le vin.__
Nous i_rons di_man_che A la mai_son blan_che,
Toi_z-en nan_kin, Moi_z-en ba_zin, Tous deux en es_car_pins.
p
animez
cresc.

La plus aimable à mon gré

Ayant à ma disposition deux versions, je donne la plus développée, d'autant plus volontiers que l'autre ne me semble être qu'une abréviation de celle-ci.

C'est une seule fillette qui chante les quatre premières mesures. Puis elle va prendre les deux mains de sa voisine de droite aux paroles : *En lui faisant passer barrière ;* elles soulèvent ensemble leurs bras, de manière à former un arceau, sous lequel passent leurs compagnes, en chantant *Ramenez, bergère, vos moutons à la maison.*

Bel _ le pas _ tou _ rel _ le, En _ trez dans le rond Tout rond,
Et voy _ ez au _ quel vo _ tre cœur est bon,,
La fille à Guil _ lau _ me, Et la fille à Jean Du _ mont
Sont des a _ mies comme on en voit rar' _ ment,

CHŒUR
O mes chèr's a _ mi _ es, Au milieu de nous,
Soy _ ons bonn's a _ mies Et em _ bras _ sons _
nous, Et em _ bras _ sous - nous.

Nous n'irons plus au bois

Voici une des rondes les plus aimées et les plus chantées par les petites filles. Le jeu, il est vrai, n'en est pas fort compliqué : une fillette se trouve au milieu du rond que forment ses compagnes, en se tenant par la main. A chaque strophe nouvelle, une autre ou même deux autres jeunes filles entrent dans le rond, et l'on continue ainsi jusqu'à épuisement de celles qui tournent.

M. Ampère (1) suppose que cette chanson appartient à un climat plus méridional que celui des environs de Paris, où les lauriers ne croissent pas.

Avec cela que la chanson populaire s'embarrasse ou s'inquiète de ces choses-là !

Dans les *Chansons du Cambrésis*, M. Durieux nous donne cette version :

> Nous n'irons plus au bois,
> Les ros's y sont cueillé's ;
> La belle que je tiens,
> Je la laisse échapper, etc.

Dans les *Poésies populaires de la Lorraine*, il y a :

> Nous n'irons plus au bois,
> Les lauriers sont coupés ;
> — Qui les a coupés ?
> — C'est monsieur le curé :

> Entrez dans la danse,
> Faites trois tours de danse,
> Et vous embrasserez
> Celle que vous aimez.

Enfin, dans les *Cramignons*, ramassis de la plupart des chansons populaires qui se chantent en France, et publiés à Liége par MM. Terry et Chaumont (2), on trouve cette transcription :

(1) *Instructions relatives aux poésies populaires de France*, page 62.

(2) Ces messieurs étaient si peu soucieux de s'enquérir d'où venaient leurs chansons, qu'à la page 421 ils ont mis à la charge de M. Champfleury (qui ne savait pas la musique) une chanson : *Derrièr' chez mon père*. Enfin, on les a couronnés ; ils appellent cela une collection d'airs de *Cramignons liégeois*, sans expliquer ce mot qui n'est pas dans les dictionnaires ; cela veut dire peut-être : « Collection d'airs populaires nés partout ailleurs qu'à Liége. »

All^tto moderato
CHANT
PIANO
Nous n'irons plus au bois, Les lauriers
sont cou _ pés, La bel _ le que voi _ là, La lai _ rons-
nous dan _ ser? _ En _ trez dans la dan _ se, _
Fait's la ré _ vé _ ren _ ce, Sau _ _ tez, dan _ _
p
cresc.

La belle que voilà, la lairons-nous danser ?
Et les lauriers du bois, les lairons-nous faner ?
    Entrez dans la danse, etc.

Et les lauriers du bois les lairons-nous faner ?
Non, chacune à son tour ira les ramasser.
    Entrez dans la danse, etc.

Non, chacune à son tour ira les ramasser ;
Si la cigale y dort, ne faut pas la blesser.
    Entrez dans la danse, etc.

Si la cigale y dort, ne faut pas la blesser,
Le chant du rossignol la viendra réveiller.
    Entrez dans la danse, etc.

Le chant du rossignol la viendra réveiller,
Et aussi la fauvette avec son doux gosier.
    Entrez dans la danse, etc.

Et aussi la fauvette avec son doux gosier,
Et Jeanne la bergère avec son blanc panier.
    Entrez dans la danse, etc.

Et Jeanne la bergère, avec son blanc panier,
Allant cueillir la fraise et la fleur d'églantier.
    Entrez dans la danse, etc.

Allant cueillir la fraise et la fleur d'églantier,
Cigale, ma cigale, allons, il faut chanter.
    Entrez dans la danse, etc.

Cigale, ma cigale, allons, il faut chanter,
Car les lauriers du bois sont déjà repoussés :
    Entrez dans la danse,
      Fait's la révérence,
        Sautez, dansez,
    Embrassez cell' que vous aimez.

J'ai un grand voyage à faire

Le rythme irrégulier, tantôt à deux temps, tantôt à trois temps, dénote assurément une chanson créée par le peuple ; les paroles le prouvent à leur tour.

C'est une chanson ornée d'un refrain, qui se chante par tous les enfants, tandis qu'ils tournent en rond, en se tenant par les mains.

On rencontre cette chanson en province, comme à Paris. Elle porte différents noms : *le Rossignol, la Violette, le Château d'amour,* etc. M. de Beaurepaire (1), qui cite *le Château d'amour,* dit que « cette chanson se distingue par sa gracieuse nonchalance ». On ne sera certainement pas de cet avis, car elle est plutôt gaie que mélancolique, le sujet le comporte ainsi.

Dans le second volume du *Romancero de la Champagne* de M. Tarbé, cette chanson est reproduite sous le titre *le Rossignol* ; elle renferme de nombreux couplets, qui n'ont pas été rectifiés : il serait impossible de les chanter sur le même air. La première strophe est une des rares qui soit régulièrement rythmée :

> J'ai un grand voyage à faire,
> Je ne sais qui le fera,
> Si je l'dis à l'alouette,
> Tout le monde le saura :
> La violette double, double,
> La violette doublera.

(1) *Études sur la poésie populaire en Normandie.*

le fe_ra; J'ai un grand voy _ age à fai_re, Je ne sais qui
le fe_ra; Ce se _ ra Ros_si_gno _ let_te Qui pour moi fe_ra ce_
_la. La vio _ let_te dou_ble, dou_ble, La vio_let_te dou_ble_
_ra, La vio_let_te double, dou_ble, La vio_let_te dou_ble _ ra;

2

Rossignol prend sa volée,   } *bis*
Au palais d'amour s'en va, }
Trouva la porte fermée,
Par la fenêtre il entra :
La violette double, double, { *bis*
La violette doublera. {

3

Bonjour, l'une, bonjour, l'autre, } *bis*
Bonjour, belle que voilà, }
C'est votre amant qui demande
Que vous ne l'oubliez pas :
La violette double, double, } *bis*
La violette doublera. }

4

Quoi ! mon amant me demande } *bis*
Que je ne l'oublie pas ? }
J'en ai oublié tant d'autres !
J'oublierai bien celui-là :
La violette double, double, } *bis*
La violette doublera. }

5

S'il était venu lui-même, } *bis*
Il n'eût pas perdu ses pas, }
Tout amant qui craint sa peine
Sera toujours logé là :
La violette double, double, } *bis*
La violette doublera. }

Où est la Marguerite ?

Chanson de jeu

Sous le titre : *La Chanson d'Ogier*, on lit dans le *Romancero* de M. Tarbé (1) :

> La belle est dans la tour,
> Oger, Oger, Oger,
> La belle est dans la tour,
> Grand chevalier.
>
> Ne peut-on pas la voir ?
> Oger, Oger, Oger,
> Ne peut-on pas la voir ?
> Grand chevalier.
>
> Les murs en sont trop hauts,
> Oger, Oger, Oger,
> Les murs en sont trop hauts,
> Grand chevalier.
>
> Une pierre il faut ôter,
> Oger, Oger, Oger,
> Une pierre il faut ôter,
> Grand chevalier.
>
> Une pierre ne suffit guère,
> Oger, Oger, Oger,
> Une pierre ne suffit guère,
> Grand chevalier, etc.

Or, comme M. Tarbé a entendu chanter cela à Reims, c'est que la chanson y est née, et il plante bravement là-dessus la date de 780-820, parce qu'alors il y avait un paladin de Charlemagne qui portait ce nom, et qui est venu dans les Ardennes.

Je sauterai par-dessus bien des siècles, en disant que c'est une des variantes de *la Tour, prends garde* (voyez page 236) et que cette chanson de jeu est du temps de Louis XV, paroles et musique.

Nous ne possédons pas de chansons populaires de 780-820 avec les airs, et s'il y en avait, ce serait du sanscrit pour le peuple.

Le principal personnage de cette chanson de jeu est le cavalier. Les fillettes entourent une de leurs compagnes qui se met à genoux ou s'accroupit. — Elles lui relèvent la jupe par-dessus la tête : c'est la *Marguerite* dans sa tour.

(1) *Romancero de Champagne*, vol. III, page 69.

2

Le Groupe répond :

Elle est dans son château !
Oh ! gai, oh ! gai, oh ! gai,
Elle est dans son château,
Oh ! gai, franc cavalier.

3

Le Cavalier.

Ne peut-on pas la voir ?
Oh ! gai, oh ! gai, oh gai !
Ne peut-on pas la voir ?
Oh ! gai, franc cavalier.

4

Le Groupe.

Les murs en sont trop hauts,
Oh ! gai, oh ! gai, oh ! gai !
Les murs en sont trop hauts,
Oh ! gai, franc cavalier.

5

Le Cavalier, en emmenant une des fillettes.

J'en abattrai un' pierr',
Oh ! gai, oh ! gai, oh ! gai !
J'en abattrai un' pierr',
Oh ! gai, franc cavalier.

6

Le Groupe.

Un' pierr' ne suffit pas,
Oh ! gai, oh ! gai, oh ! gai !
Un' pierr' ne suffit pas,
Oh ! gai, franc cavalier.

7

Le Cavalier, en détachant une autre.

J'en abattrai deux pierr's
Oh ! gai, oh ! gai, oh ! gai !
J'en abattrai deux pierr's
Oh ! gai, franc cavalier.

8

Le Groupe.

Deux pierr's ne suffis'nt pas,
Oh ! gai, oh ! gai, oh ! gai !
Deux pierr's ne suffis'nt pas,
Oh ! gai, franc cavalier.

Le cavalier emmène successivement une troisième, une quatrième, etc.
Quand il n'en reste plus qu'une à cacher, la Marguerite, le cavalier dit :

Qu'est-ce qu'il y a là-dedans ?

La Fillette.
Un petit paquet de linge à blanchir.

Le Cavalier.
Je vais chercher mon petit couteau pour l'ouvrir.

La jeune fille lâche la robe, et la Marguerite se sauve, poursuivie par le cavalier, qui finit, comme de juste, par l'attraper.

La Tour, prends garde

Chanson de jeu

J'ai devant moi un feuillet manuscrit, signé par Justin Cabassol, le chansonnier. Voici ce qu'on y lit : « Les mamans qui vont promener leurs petites filles aux Tuileries ne se doutent guère que leurs enfants, qui dansent aux chansons, entonnent des rondes composées par les dames de haut parage. La marquise de Prie, ne pouvant devenir la favorite du Régent, se rabattit sur le duc de Bourbon, appelé *Monsieur le Duc*, chef de la maison de Condé.

« Voltaire disait d'elle, en 1725, qu'elle possédait :

> Un esprit juste, gracieux,
> Solide dans le sérieux
> Et charmant dans les bagatelles.

« Ce fut elle qui, pour amuser les jeunes Condé, fit la ronde *la Tour, prends garde*. C'est une sorte de petit drame à la portée des enfants, dont les personnages sont le duc de Bourbon, son fils, un colonel, un capitaine, des soldats et deux demoiselles qui représentaient la tour. »

Il serait difficile de trouver des preuves sur cette paternité de *la Tour, prends garde*. Voltaire, comme on sait, mettait la sourdine quand il parlait des personnages puissants de son temps. D'après des mémoires plus authentiques, la marquise de Prie n'est point inscrite parmi les femmes estimables.

(Pour figurer *la tour*, deux fillettes se tiennent par la main, le *duc* est à l'écart avec son fils et toute sa suite. Les différents personnages se détachent de ce groupe, selon leur tour de chanter.)

(Le duc se met à la tête de ses forces réunies, il essaie de séparer les deux fillettes qui représentent la tour ; chaque personnage vient, selon son rang, faire le même jeu, et celui qui réussit à séparer les deux jeunes filles, c'est-à-dire à démantibuler la tour, est proclamé duc, puis le jeu recommence.)

Le Capitaine et le Colonel.

La tour, prends garde (*bis*)
De te laisser abattre.

La Tour.

Nous n'avons garde (*bis*)
De nous laisser abattre.

Le Colonel.

J'irai me plaindre (*bis*)
Au Ducque de Bourbon.

La Tour.

Va-t-en te plaindre (*bis*)
Au Ducque de Bourbon.

Le Colonel et le Capitaine.

(Mettant un genou en terre devant le Duc.)
Mon duc, mon prince, (*bis*)
Je viens à vos genoux.

Le Duc.

Mon colonel, mon capitaine,
Que me demandez-vous ?

Le Colonel et le Capitaine.

Un de vos gardes, (*bis*)
Pour abattre la tour.

Le Duc.

Allez, mon garde, (*bis*)
Pour abattre la tour.

(Un garde se joint aux officiers, ils s'approchent de la tour.)
La tour, prends garde, (*bis*)
De te laisser abattre.

La Tour.

Nous n'avons garde (*bis*)
De nous laisser abattre.

(Ce jeu se recommence, le colonel et le capitaine allant successivement demander
au duc *deux gardes, trois gardes*, etc. Puis ils lui demandent :)
Votre cher fisse, (*bis*)
Pour abattre la tour.

Le Duc.

Allez, mon fisse, (*bis*)
Pour abattre la tour.

(Ce renfort ne suffisant pas, ils reviennent devant le duc.)
Votre présence (*bis*)
Pour abattre la tour.

Le Duc.

Je vais moi-même (*bis*)
Pour abattre la tour.

Père Capucin

La chanson du *Père Capucin* est modelée sur la *Vieille Rabine* ou *Ronde des juifs*, reproduite par M. Tarbé dans son *Romancero de Champagne* (1). Le compilateur érudit a tort de placer cette chanson au xvᵉ siècle : telle qu'il la donne, c'est du français du xviiiᵉ ou du xixᵉ siècle.

Il est hors de doute qu'on a dû faire des chansons sur les juifs à l'époque des persécutions du xvᵉ et du xviᵉ, siècle, mais nous ne possédons pas ces chansons, du moins je ne les connais pas.

La *Vieille Rabine* n'a pas pu se chanter sur le même air que *Père Capucin*, c'est-à-dire *Ah ! vous dirai-je, maman*, c'est un tout autre rythme, et comme M. Tarbé ne donne pas les airs de ses chansons, les comparaisons ne sont pas possibles.

Voici la première strophe de cette *Ronde des Juifs*, où l'on offre du tabac à la rabine. Il n'est pas étonnant qu'elle refuse, le tabac étant inconnu en Europe au xvᵉ siècle.

> Vieille rabine, (*bis*) savez-vous danser ?
> Savez-vous danser ?
> Du bon tabac vous aurez, si vous savez danser,
> Si vous savez danser.
> — Je ne sais pas danser, (*bis*)
> Je ne connais pas la cadence
> Du menuet qu'on danse en France,
> Je ne sais pas danser. (*bis*)
> — Ell' ne sait pas danser, (*bis*)
> Ell' ne connaît pas la cadence
> Du menuet qu'on danse en France,
> Ell' ne sait pas danser.

Au second couplet on lui offre un chapeau, mais elle ne sait toujours pas danser le menuet.

Au troisième couplet enfin on lui promet un mantelet, ce qui la séduit suffisamment pour danser le menuet, qu'on n'a commencé à danser que sous Louis XIV. Au xvᵉ siècle on dansait *le Branle, la Gaillarde, la Pavane*, et probablement *la Romanesca*.

La *Vieille Rabine* (chez nous *Père Capucin*) se chante dans la Flandre française (2) de la manière suivante :

« Dévote, voulez-vous danser ? Je vous donnerai un œuf. — Non, dit la dévote, je m'exempte de danser. Je ne sais pas danser ; je ne puis danser. Notre règle défend la danse ; béguines et dévotes ne dansent pas. »

— A la seconde strophe on lui offre une vache, à la troisième un cheval ; mais elle ne sait toujours pas danser. Au dernier couplet, c'est un mari qu'on lui offre, et alors elle sait danser... « La danse nous est bien permise, béguines et dévotes dansent bien. »

Père Capucin est autrement amusant que tout cela. D'après M. de Coussemaker on trouve cette chanson de la béguine en Belgique, en Hollande, et même en Allemagne.

(1) *Romancero de Champagne*, Reims, 1863, vol. III, page 240.
(2) *Chants populaires des Flamands de France*, par E. DE COUSSEMAKER, 1856, page 362.

Con moto
CHANT
PIANO
Pè_re ca_pu_cin, savez-vous dan_ser?
U_ne pair' de bott's je vous don_ne_rai.
Je n'sais pas dan_ser, Je n'con_nais pas
la ca_den_ce, Je n'sais pas com_ment l'on

2

Père capucin, savez-vous danser?
Un manteau de bur' je vous donnerai.
    — Je n'sais pas danser,
Je n'connais pas la cadence,
Je n'sais pas comment l'on danse,
    Je n'sais pas danser.

3

Père capucin, savez-vous danser?
Uu beau capuchon je vous donnerai.
    — Je n' sais pas danser,
Je n'connais pas la cadence,
Je n' sais pas comment l'on danse,
    Je n'sais pas danser.

4

Père capucin, savez-vous danser?
Un beau chapeau rond je vous donnerai.
    — Je n' sais pas danser,
Je n' connais pas la cadence,
Je n' sais pas comment l'on danse,
    Je n' sais pas danser.

5

Père capucin, savez-vous danser?
Un chap'let d'argent je vous donnerai.
    — Je sais bien danser,
Je connais bien la cadence,
Je sais bien comment l'on danse,
    Je sais bien danser.

Voulez-vous savoir ?

Chanson de l'aveine

Avoine se prononçait *aveine* en langue romane, et les gens de la campagne, dans beaucoup de provinces, le prononcent encore ainsi ; ce n'est qu'alors que la rime avec *amène* existe réellement. La chanson de l'avoine est très répandue, elle se rencontre dans beaucoup de provinces de la France ; un jour, j'ai même eu la surprise de l'entendre chanter par une dame, tout nouvellement arrivée de l'île Maurice, où l'on se souvient encore de nous et de nos chansons.

mf
_ mi: Frap _ pe du pied, puis de la main, Un petit
tour pour son voi _ sin! _ A _ voine, a _ voine, a _ voi _ ne,
Que le beau temps t'a _ mè _ _ ne, A _ voine, a voine, a _
_ voi _ _ ne, Que le beau temps t'a _ mè _ ne!
poco rit.
poco rit.

Voulez-vous savoir comment, comment
On plante l'avoine ?
Mon père la plantait ainsi,
Puis se reposait à demi :
Frappe du pied, puis de la main,
Un petit tour pour son voisin :
Avoine, avoine, avoine,
Que le beau temps t'amène ! } bis

Voulez-vous savoir comment, comment,
On coupe l'avoine ?
Mon père la coupait ainsi,
Puis se reposait à demi :
Frappe du pied, puis de la main,
Un petit tour pour son voisin :
Avoine, avoine, avoine,
Que le beau temps t'amène ! } bis

Voulez-vous savoir comment, comment
On mange l'avoine ?
Mon père la mangeait ainsi,
Puis se reposait à demi :
Frappe du pied, puis de la main,
Un petit tour pour son voisin :
Avoine, avoine, avoine,
Que le beau temps t'amène !

Les enfants s'amusent tout particulièrement à cette chanson de jeu : ils imitent avec les mains, avec les pieds, plus ou moins exactement, les gestes désignés dans les différents couplets, auxquels on ajoute parfois les suivants :

Voulez-vous savoir comment,
Comment on fauche l'avoine ?
Mon père la fauchait ainsi, etc.

Voulez-vous savoir comment,
Comment on lie l'avoine ?
Mon père la liait ainsi, etc.

Voulez-vous savoir comment,
Comment on tasse l'avoine ?
Mon père la tassait ainsi, etc.

Voulez-vous savoir comment,
Comment on vanne l'avoine ?
Mon père la vannait ainsi, etc.
Avoine, avoine,
Le beau temps te ramène !

—

CHAPITRE NEUVIÈME

Chansons de Mœurs

et Coutumes

Chansons de Mœurs et Coutumes

Les dieux s'en vont, a-t-on chanté sur tous les tons et à tous les âges... Ce refrain, plusieurs fois séculaire, manque totalement de vérité, car si les dieux s'en vont, ils en laissent d'autres à leur place, c'est-à-dire que si certaines coutumes disparaissent, devenues ridicules et chassées par la civilisation (gros mot bouffi de promesses dorées), ces coutumes se trouvent remplacées par de nouvelles, qui ne sont qu'un rajeunissement de la forme des anciennes, la plupart du temps.

Gagnons-nous ou perdons-nous au change ? Nous y perdons incontestablement au point de vue de ce bonheur intime, de ce bonheur de tous, attaché, rivé aux anciennes et naïves coutumes populaires, que nous ne connaissons plus guère que par tradition, et qui, dans quelques années, auront passé à l'état de légendes. Nous gagnons en bonheur matériel, en bien-être égoïste que cette civilisation nous apporte en échange.

Les anciennes fêtes populaires avaient une expansion qu'on ne retrouve plus et qu'on chercherait en vain dans nos restes de fêtes de village, dont le déclin est tel, même depuis vingt ou trente ans seulement, que notre génération, tant soit peu sceptique, les verra probablement s'éteindre complètement.

Aussi, que d'érudits se hâtent depuis quelques années de faire paraître leurs opuscules sur tel ou tel usage populaire, de crainte que, dans quelque temps, le souvenir même en soit totalement effacé !

Le but de ces fêtes était pourtant louable ; Sénèque est de cet avis, quand il dit, dans son *Traité de la tranquillité de l'âme* : « Les législateurs ont institué des jours de fête pour réunir les hommes dans des réjouissances publiques ; ils ont jugé nécessaire d'interrompre leurs fatigues par des délassements. *Legum conditores festos instituerunt dies*, etc., etc. »

Le soleil fut une des premières divinités adorées par les païens, comme symbole de la lumière, de la chaleur et de la fécondité.

Les Romains, après avoir soumis les Gaules et les pays qui environnent le Rhin, ne cherchèrent point à y détruire les croyances religieuses ou les cultes qu'ils y trouvèrent établis, ils finirent même par confondre le culte d'Apollon (qui présidait au printemps chez les Grecs et les Romains) avec celui de *Bél* ou *Belenus*. En France, aux premiers jours du printemps, dans les pays de montagnes, on se rendait sur une élévation ; là on avait entouré de matières inflammables une grande roue de voiture, ornée de fleurs ; à la nuit tombante on mettait le feu à la roue, et on la faisait rouler du haut de la colline vers le village : c'était le soleil qui arrivait.

La veille au soir du 1er mai, les amoureux plantaient un sapin devant la fenêtre de leur adorée. Quand j'étais gamin, que de *mais* j'ai vu planter en Alsace ! Cela se pratiquait aussi dans d'autres provinces de la France, dans des villages voisins de bois de sapins : peut-être même que cette vieille, très vieille coutume existe encore dans quelques bourgs éloignés des villes, mais les gardes forestiers et les gardes champêtres n'ont jamais vu cela d'un bon œil, ou plutôt ils fermaient l'œil pour ne rien voir.

Les feux de la Saint-Jean s'allument encore dans bien des provinces sur la crête des montagnes, aussi dans les plaines. « Les personnes des deux sexes y forment des rondes ; les jeunes filles, quand le feu a cessé de donner des grandes flammes, s'évertuent à le traverser, et l'on a coutume de prédire à celles qui franchissent le foyer sans accident qu'elles se marieront dans l'année (1). »

Les chansons de la Saint-Jean sont nombreuses dans notre pays de France, il en existe dans les principaux dialectes de nos provinces (2) ; l'une des plus répandues, surtout en Normandie, a été citée en 1838 par M. Langlois dans *les Énervés de Jumièges* :

2

Que nos amoureux
Vont à l'assemblée,
Le mien y sera,
J'en suis assurée :
Marchons, joli cœur,
La lune est levée.

3

Le mien y sera,
J'en suis assurée ;
Il m'a apporté
Ceinture dorée :
Marchons, joli cœur,
La lune est levée.
Etc.

(1) *Traditions comparées*, par D. MONNIER, Paris, 1854, p. 202.
(2) *Fêtes et chansons populaires du printemps et de l'été*, par J.-B. WECKERLIN, 1874, br. in-8°.

A Paris comme en province, on allumait un feu de la Saint-Jean : « La veille, les échevins de Paris faisaient entasser sur la place de Grève un grand amas de bois ; le roi y mettait solennellement le feu. Au milieu du bûcher s'élevait un arbre de soixante pieds de hauteur. Des pièces d'artifice et des pétards étaient placés dans le bucher. On suspendait à l'arbre un grand panier renfermant deux douzaines de chats (1). »

Le peuple se gaudissait en voyant rôtir les chats tout vifs, c'était un suprême plaisir : la fête disparut sous la Révolution. « Chez les Grecs, les enfants chantaient *le Retour de l'hirondelle* à l'arrivée du printemps ; on leur donnait un gâteau, absolument comme en France, où les enfants vont chanter *la Part à Dieu* (2).

(1) *Dictionnaire historique de Paris*, par J.-A. Béraud et P. Dufey, Paris, 1828, 2 vol. in-8° (*Feu de la Saint-Jean*).

(2) Voir Édouard Fournier (Latapie), dans le *Ménestrel* de 1846.

Mariages et Festins

Anciennement le fiancé donnait des arrhes le jour des fiançailles. Lorsque Clovis demanda Clotilde en mariage, il lui fit remettre un denier par son ambassadeur. Les usages pour les fiançailles et les cérémonies du mariage (en dehors des cérémonies de l'église) varient d'une provice à une autre. Au xiv⁰ siècle, le juge-viguier conduisait par la bride le cheval de la mariée : après la noce, le cheval lui appartenait (1). Quand une veuve se remariait, il fallait payer un impôt. Au reste, la loi salique permettait le divorce (2).

La cérémonie antique de placer un joug sur le cou de ceux qui se fiançaient, et d'où le mariage a pris le nom latin *conjugium*, se perpétue dans quelques communes du Castrais (3).

Parmi les lettres d'Éginhard, il y en a une fort curieuse au comte Hatton : « Un de vos serfs, nommé Hunno, est venue dans l'église des saints martyrs Marcellin et Pierre, demander grâce pour la faute qu'il a commise en contractant mariage, sans votre consentement, avec une femme de sa condition, qui est aussi votre esclave. Nous venons donc solliciter votre bonté, pour qu'en notre faveur vous usiez d'indulgence à l'égard de cet homme, si vous trouvez que sa faute puisse être pardonnée (4).

Saint Chrysostome (iv⁰ siècle) critique déjà une vieille coutume (aux mariages) où les hommes se font animaux, hennissent comme des chevaux, et ruent comme des ânes : cela se pratiquait en Normandie.

Le dénouement de la ceinture a lieu encore dans quelques endroits, avec toute la solennité qu'y mettaient les anciens. Dans le Berry, c'est le futur qui *ceintoure* sa promise, au moment de partir pour l'église. Au festin, généralement au dessert, un jeune garçon se glisse sous la table pour aller dénouer la jarretière de la mariée, qui prudemment la tient dans sa main et la tend à l'indiscret gamin. On la coupe aussitôt par petits morceaux, distribués aux convives (5).

La *Bibliothèque bleue* renferme un formulaire pour demander une fille en

---

(1) *Histoire des Français des divers États*, par MONTEIL, vol. 1, p. 38 et p. 369.

(2) *Dictionnaire des Institutions de France*, par A. CHÉRUEL, 2 vol., 1855.

(3) *Coutumes des Provinces de France*, par A. DE NORE, 1846.

(4) *Œuvres complètes d'Eginhard*, traduites par TEULET, 2 vol., 1843. En note, Teulet dit que ce mariage était valable, mais le serf était passible d'une punition, pour n'avoir pas demandé le consentement de son maître et payé le *maritagium*.

(5) EDELESTANG DU MÉRIL, *Des formes du mariage*.

mariage ; le titre est *le Jardin de l'honnête amour*. Je serais bien étonné si ce formulaire était encore en usage de nos jours.

Aux noces il y a toujours des chansons, et il est peu de provinces en France qui ne continuent cet usage. Je l'ai vu pratiquer en Alsace dans ma jeunesse ; mais cela ne suffisait pas ; on lit dans *le Parlement nouveau de Daniel Martin*, 1637 :

« J'ai presque oublié de dire que pendant qu'on est à table, le premier jour des noces, le guet et les trompeteurs de la tour ou du moutier, viennent honnêtement demander, pour avoir sonné de la trompette, sans en avoir été priés. » A ce chapitre 158, Daniel Martin parle longuement des noces bourgeoises en Alsace, ce sont des festins à n'en pas finir, c'est-à-dire que les nouveaux mariés devaient passer les huit premiers jours en indigestions consécutives. Je me rappelle aussi qu'en allant à l'église, à pied, les voitures étaient rares alors, les gens de la noce étaient arrêtés de distance en distance par des rubans de soie blanche, tendus par de petites filles ; on leur donnait quelques pièces de monnaie et la barrière s'ouvrait.

Parler des habitudes maritales de toutes les provinces nous mènerait fort loin, cela exigerait tout un volume, et encore ! Il faut cependant mentionner les chansons sur les mal mariées (les *mau-mariées*) ; ces pièces sont fort nombreuses et se comptent par centaines ; ce sont des jeunes filles sacrifiées par leur père *avaricieux* à un vieux bonhomme, riche et quinteux, tandis que **la pauvre** jeune fille nourrissait au fond de son cœur un bel amour, bien vivace, bien **tendre**, pour un jeune gars qui la payait de retour ; malheureusement c'est là **tout son** trésor, et le vieux bonhomme l'emporte sur lui. Ce vilain animal est un **tyran** jaloux, qui ne quitte pas d'une semelle sa jeune femme ; plus de chants, **plus de** danses, plus de ces bonnes histoires gaies, qui faisaient rire à pleurer. Ouvrez les chansonniers du xvi° et du xvii° siècle :

> Mon père m'a mariée à un bossu, etc.

(Le *Recueil des plus belles chansons*, 1615.)

> Mon père et ma mère s'y m'ont mariée
> A un vieil bonhomme, etc.

(*Chansons du* xv° *siècle*, G. Paris.)

> Mon père m'a mariée
> Toute noire que je suis,
> A un vilain m'a donnée, etc.

(La *Fleur des Chansons amoureuses*, 1600.)

> Mon père et ma mère (Gaudinette)

(*Chansons* de Chardavoine, 1576.)

> Mon père m'a mariée
> L'autre jour, à ma mal heure,
> A un vieillard m'a donnée, etc.

(*Caribarve des Artisans*, 1645.)

Il est une chanson de cette série des *mau-mariées* qui a son rayon de gaieté ; elle n'est pas d'une grande ancienneté telle qu'on la chante maintenant :

> Mon pèr' m'a donné un mari,
>   Mon Dieu ! quel homme,
>   Quel petit homme !
>
> D'une feuille on fit son habit,
>   Mon Dieu ! quel homme,
>   Quel petit homme !
>
> Le chat l'a pris pour un'souris,
>   Mon Dieu ! quel homme,
>   Quel petit homme !
>
> Au chat ! au chat ! c'est mon mari ;
>   Mon Dieu quel homme,
>   Quel petit homme !
>
> Je le couchis dedans mon lit,
>   Mon Dieu ! quel homme,
>   Quel petit homme !
>
> De mon lacet je le couvris,
>   Mon Dieu ! quel homme,
>   Quel petit homme !
>
> Le feu à la paillasse a pris,
>   Mon Dieu ! quel homme,
>   Quel petit homme !
>
> Mon petit mari fut rôti,
>   Mon Dieu ! quel homme,
>   Quel petit homme !
>
> Pour me consoler je me dis :
>   Mon Dieu ! quel homme,
>   Quel petit homme,
>   Qu'il est petit !

A la suite d'un volume de poésies intitulé : *Chants des seraines* (1548), que possède la Bibliothèque nationale, se trouve un *Petit Traité sur le fait de la réformation de la superfluité des habitz des dames de Paris, et comment elles se doivent honnestement gouverner* :

> Ta quenouille et rouet auras
> Pour singulier esbatement,
> Et dans ton mouilloir tremperas
> Tes doigts pour filer proprement.
>
> Je te permets, quand fileras,
> Chanter, non pas follastrement
> Des quatrains ; mais dégoiseras
> La *Personnelle* pleinement.

> Et aussi *Ne reprouvons pas*
> *Allons allons, gay, gaiement,*
> *Sus, Bastenne, pas à pas,*
> *Dis-moi More,* aussi *La Normant.*
>
> Les fêtes le temps passeras,
> Non pas à jeux musiciens :
> Ne l'Ecatomphile liras,
> Mais les saincts livres anciens.
>
> . . . .
>
> Si danses, tu ne crouleras
> Le cropion aucunement :
> Et gaillardes ne danseras,
> Mais la vergaye seulement.
>
> Toutesfois ne refuseras
> Au chappellet le baisement :
> Pourveu que ne l'endureras
> Fors qu'en la joue honteusement.
>
> . . . .
>
> Puis, quand à tes fermes iras,
> Le limonnier tant seulement
> Avec le chartier manderas,
> Pour te conduire seurement ;
>
> Sur lequel en croupe sera
> Ta chambrière au sein branlant :
> Mais sur le chartier veilleras,
> Qu'il ne s'amourache en allant.
>
> . . . .

Dans les repas des grands seigneurs, avant d'entrer dans la salle à manger, dès le commencement du xive siècle, les convives se lavaient les mains, conformément à l'habitude gallo-romaine. Le moment de cette ablution était annoncé au son du cor ou de la trompette. Les hôtes de distinction passaient les premiers, puis les seigneurs, les dames, les damoiselles, enfin les convives de rang inférieur. De même que les Gaulois, les Français à table s'environnaient de fleurs et de verdure ; ils avaient le front ceint de couronnes, les pieds sur une *jonchée* de joncs, d'herbe fraîche et de glaïeuls (1).

En ce qui touche les *chansons de table,* j'ai déjà fait remarquer, d'après Sidoine Appolinaire (ve siècle), que son maître se faisait donner un petit concert avant de se livrer au sommeil.

L'habitude de chanter après les repas est une vieille coutume gauloise. On lit dans *le Tournoiement de l'Antechrist,* cité par Wolf (2).

> Quand les tables ostées furent,
> Cil jongleour en piés s'esturent,

---

(1) *Mœurs et vie privée des Français,* par E. DE LA BÉDOLLIÈRE; vol. III, p. 220.
(2) *Uber die Lais,* etc., *Sur les lais, séquences et complaintes,* par FERDINAND WOLF, 1841.

> S'ont vieles et harpes prises,
> Cançons et sons, vers et reprises
> Et de gestes canté mousont (1).

La chanson de table commence à disparaître en France. Je crois cependant que dans les provinces du Nord on s'en souvient encore parfois. J'ai assisté, il y a bien cinquante ans, à un grand festin à Lille, où tous les convives ont dû chanter au dessert ; j'étais même assez embarrassé, n'ayant pas cultivé ce répertoire.

Bien entendu que je n'appelle pas chansons de table les insanités que les ivrognes hurlent dans les cabarets.

On a pu lire dans le *Chapitre des Cantiques* quelques détails sur les imitations des *saturnales* grecques et romaines, qu'un clergé peu instruit introduisit au moyen âge dans beaucoup d'églises en France. Dans les *Instructions du comité des arts et monuments*, on remarque que c'est dès le XIVᵉ siècle que la satire anti-monacale commence à faire invasion dans le domaine de la statuaire : c'était un premier pas vers la Réforme, qui se fit jour deux siècles plus tard. Ce qu'il y a de singulier, c'est qu'en même temps ces aberrations du clergé se retrouvent en d'autres pays, comme l'Allemagne, par exemple. A Constantinople, Théophylacte introduisit l'usage des danses et des chants profanes aux fêtes de *Noël* et des *Rois*.

M. Antony Méray (2) ne croit pas qu'il faille attribuer aux anciennes fêtes grecques et romaines l'origine des ridicules et indécentes comédies monacales du moyen âge ; selon lui, c'était la marche naturelle de l'esprit humain, sortant de sa barbarie, et faisant peau neuve avec une joie exagérée.

On peut admettre tout au plus ce manque de goût du roi René, mêlant à une procession chrétienne des personnages païens.

La plupart de nos provinces de France ont eu leurs fêtes particulières, qui n'existent plus guère qu'à l'état de souvenir. Le scepticisme actuel a tué toutes ces bonnes et joyeuses fêtes, que nos grand-pères ont encore connues (3).

Les provinces du Nord étaient particulièrement riches en réjouissances de ce genre ; il y avait *la fête du blanc rosier, la fête des ânes, le Prince de rhétorique et les Pimperlots, la procession de Gayant à Douai* (4), *la Gargouille de Rouen* et une quantité de foires, qui contribuaient aux réjouissances des gens de la campagne, aussi qu'à celle des gens des villes.

Pour ne pas rendre ce chapitre interminable, je ne citerai plus que quelques **fêtes** locales de la France.

La ville de Caen eut une fête célèbre instituée en 1074 par le duc Guillaume,

---

(1) Quand les tables furent otées,
    Ces jongleurs se sont mis debout,
    Ils ont pris des vielles et des harpes,
    Et nous ont chanté des chansons en musique
    Des vers, des chansons guerrières.

(2) *La Vie au temps des libres prêcheurs*, par A. MÉRAY, vol. II, p. 87.

(3) M. de Martonne, dans son livre mentionné, dit à ce sujet : « Un immense réseau de réjouissances publiques enveloppait, pour ainsi dire, l'Europe du moyen âge. Le peuple de ces temps, libre et insoucieux d'esprit, aimait les divertissements et les joyeuses assemblées. Maintenant les peuples sont mornes et tristes. Est-ce que l'Europe sentirait sa décadence ? »

(4) Voyez *Fêtes communales de Douai*, par FÉLIX BROSSART, 1876.

roi d'Angleterre, c'est *la Fête aux Normands*. Cette même ville de Caen (une ville de sapience) avait aussi de grandes fêtes universitaires relatées par le sieur de Bourgueville (1).

« Pour lors (1517) aux festes de saincte Catherine et saint Nicolas et aux Roys, l'on faisoit des danses aux collèges, que l'on appeloit *Coreas*, là où l'on jouoit des Farces et Comédies, et s'appeloient telles danses qui avoient cours par tout ce royaume *basses danses*, qui consistoient en révérences simples, doubles reprinses, branles. Puis, à la fin, l'on dansoit le tordion, au lieu duquel est succédé le bal et la gaillarde. Et se dansoient au tabourin et longue flute à trois trous et un rébec (violon).

« De chacun collège la veille des Roys, aucuns Régents ou Escoliers jouoyent aux carrefours de la ville des Farces dedans des charrettes et sur des chevaux, qui servoient semonces et invitations, pour aller voir jouer le jour des Roys des Moralités et Farces joyeuses auxdits collèges l'après-dîner.

« Le jour des Roys (2) au matin se faisoient des montres que l'on appeloit *marolles* des jeunes enfants des meilleures maisons. Lesquels accompagnoient l'un d'eux qui avoit été Roy de la fèbve, et alloyent ouïr la messe, estans bien montez et accoustrez bravement, suyvis d'une infinité de peuple. »

Le gâteau des Rois avec la fève est une ancienne coutume, encore pratiquée de nos jours.

Dans les *Recherches de la France* d'Étienne Pasquier, on trouve tout au long les détails de la cérémonie du *gâteau des Rois*, au XVIe siècle : cela se pratiquait absolument comme aujourd'hui.

On sait qu'anciennement les bateleurs, saltimbanques, montreurs d'ours et de singes, quand ils n'avaient pas de quoi payer leur droit d'entrée dans la ville de Paris, étaient tenus de faire danser leurs bêtes, ou de danser eux-mêmes pour le plus grand réjouissement des employés de l'octroi. Cela me rappelle les versiculets suivants :

> Usaige est en Normandie
> Que qui hébergé est, qu'il die
> Fable ou chanson lie à son hoste
> Ceste coustume pas n'en oste
> Sire Jehan de chapelain (3).

(1) *Les Recherches et Antiquités, etc., de la ville de Caen*, 1588, in-8°.
(2) Dom Claude de Vert (*Explication des cérémonies de l'Église*, 1710) dit que les rois mages étaient au nombre de trois, à ce qu'on suppose, parce qu'ils offrirent à l'Enfant Jésus trois présents différents, de l'or, de l'encens, de la myrrhe ; t. II, p. 217.
(3) Voir le *Dit du sacristain*. — Mlle Chuppin, dans son livre sur l'*État de la musique en Normandie*, a eu soin de rappeler ce vieux dicton.

Cérémonies funéraires

« Il semble que les Juifs se servaient de ménétriers à leurs enterrements, car saint Mathieu rapporte que Jésus-Christ en trouva dans la maison de Jaïre, un des principaux de la Synagogue, lorsqu'il y en entra pour ressusciter sa fille : il est véritable, mais cela se faisait pour inciter davantage les parents et domestiques aux pleurs et aux regrets, et pour émouvoir les assistants à compassion par leur triste harmonie; ou bien cette coutume avait été introduite dans la Palestine par les Romains, depuis qu'ils s'en étaient rendus les maîtres (1). »

Une singulière coutume était celle des Égyptiens, qui, d'après Lucien, témoin oculaire, « tenaient leurs morts en leur logis, embaumés et desséchés à leur façon, qui les asseyaient à table avec eux, afin de leur tenir compagnie à boire et à manger, prenant un singulier plaisir de voir ainsi la figure et la stature de leurs devanciers et converser avec eux, comme s'ils eussent été en vie » (2).

J'ai vu à l'ossuaire de Saint-Pol-de-Léon (Bretagne) une singulière manière de conserver le souvenir des morts regrettés, celle de renfermer leur tête décharnée dans une petite boîte, qui de chaque côté a une découpure en forme de pique, de cœur, de trèfle ou de carreau. C'est à travers ces jours, naïvement empruntés au jeu de cartes, qu'on va considérer la tête de mort à chaque visite au cimetière. Le titulaire a, d'ailleurs, son nom inscrit sur la boîte.

Chez les Grecs, « le convoi de tous se faisait avec des cornets et hautbois ; et chantaient aussi avec ces instruments leurs lamentations funèbres, pour émouvoir les assistants à compassion ; ce qui était commun presque par toute la Grèce » (3).

Aux enterrements des Romains, les instruments variaient selon la condition des personnages : « les plus riches étaient conduits avec le son et la musique des clairons et des cornets à bouquin, et les pauvres au son de la flûte seulement » (4).

De nos jours, les marches funèbres ne s'entendent qu'à l'enterrement d'un brave guerrier, d'un roi ou d'un prince.

(1) *Le Réveil de Chyndonan*, par GUÉNÉBAULD, 1621, p. 64.
(2) *Ibid.*, p. 76.
(3) *Ibid.*, p. 107.
(4) *Ibid.*, p. 115.

L'auteur des *Nuits parisiennes* (1) prétend, à propos des illuminations qui se font la veille de la Saint-Jean, que la tradition en est presque aussi ancienne que la venue de Jésus-Christ. Saint Bernard faisait remarquer à ses religieux que cet usage était universellement répandu, qu'il s'observait même chez les Sarrazins et chez les Turcs.

(1) *Les Nuits parisiennes à l'imitation des Nuits attiques d'Aulu-Gelle*, 1771 (par Chomel).

La Procession du roi René

Le roi René d'Anjou était né en 1408. Très aimé de ses peuples de Provence et de l'Angoumois, on lui donna le surnom de *René le bon roi*.

Il était poète, on a publié ses œuvres en quatre gros volumes. Le roi René faisait aussi de la peinture et cultivait la musique, il mourut à Aix en 1480.

La procession de la Fête-Dieu à Aix a joui d'une très grande célébrité ; le plan et toute l'ordonnance des personnages avec leurs costumes et leurs attributs, tout cela était de l'invention du roi René, grand amateur de joutes et de tournois, sur lesquels il a écrit un traité.

Sans doute on est choqué de voir tant de personnages bizarres et profanes dans les intermèdes d'une procession religieuse, mais il paraît que c'était alors une affaire de mode de mêler le paganisme avec la religion chrétienne.

Un curieux petit volume, orné de gravures et de musique, publié à Aix en 1777 par Gaspard Grégoire, donne la relation de cette procession singulière, dans laquelle on voyait les diables, le jeu des chats, la reine de Saba, les trois Rois mages allant à Bethléem, les apôtres, Jésus portant sa croix, les chevaux frux (1) des danseurs, des musiciens, saint Chrysostome portant Jésus-Christ enfant sur les épaules, puis les passades de la basoche, le guet, le lieutenant de Prince, et tant et tant de choses curieuses !

Suivent les airs (pas bien anciens) qu'on exécutait à cette singulière procession.

(1) Chevaux *frux*, frisques, fringans ; c'étaient des chevaux en carton.

1. Marche du lieutenant de prince

3. Air des chevaux frux
Un poco allegretto

4. Air de la passade.
5. Air du Guet
Andantino

Chanson de la Mariée

Chanson bretonne

Considérée dans sa forme actuelle, cette chanson ne peut pas être bien ancienne, mais quant à son origine, il paraît qu'elle date de loin ; ainsi, on lit dans les *Origines de la chapelle-musique des souverains de France*, par M. Thoinan, 1864 : « La célébration du mariage de Louis XII avec Anne de Bretagne eut lieu dans la chapelle du château de Nantes, le 8 janvier 1499. Après la cérémonie, la reine reçut une députation de jeunes Bretonnes, qui lui chantèrent la chanson de *Madame la mariée*, couplets qui se disent encore aux noces, dans certaines parties de la Bretagne. »

Comme je l'ai déjà remarqué ailleurs, cette date serait fort respectable sans doute, si au temps de la reine Anne les paroles et l'air avaient pu exister, ce qui est absolument inadmissible.

J'ai quelquefois entendu cette chanson avec une espèce de refrain :

Vous voilà donc liée,
Madam' la mariée,

sur une bribe de mélodie commune et tout ce qu'il y a de plus moderne, jurant surtout avec le reste de la chanson. Par contre, je n'ai jamais rencontré un texte breton pour la *Chanson de la mariée*; a-t-il jamais existé ?

Cette chanson est connue dans le Bas-Poitou, M. Bujeaud la donne dans le second volume de ses *Chansons de l'Ouest* (p. 23). L'air, quoique très allongé, très délayé, rappelle la chanson de la Bretagne, et quoique les couplets soient beaucoup plus nombreux que ceux de la Bretagne, M. Bujeaud dit que parfois l'énumération des devoirs de la mariée est beaucoup plus longue, plus détaillée encore.

CHANT
PIANO
Ardno quasi allegretto
p
Nous
somm' ve_nus vous voir___ Du fond de not' vil _ la _ ge, Pour
sou _ hai_ter ce soir___ Un heu _ reux ma _ ri _ a _ ge A
Mon_sieur votre é _ poux,___ Aus _ si bien comme à vous.___
mf rit.
rall.
mf

2

Vous n'irez plus au bal,
Madam' la mariée,
Danser sous le fanal,
Dans les jeux d'assemblée ;
Vous gard'rez la maison
Tandis que nous irons.

3

Avez-vous écouté
Ce que vous dit le prêtre ?
A dit la vérité,
Et comme il vous faut être :
Fidèle à votre époux,
Et l'aimer comme vous.

4

Quand on dit son époux,
On dit souvent son maître...
Ils ne sont pas si doux
Comme ils ont promis d'être :
Il faut leur conseiller
De mieux se rappeler.

5

Si vous avez, Bretons,
Des bœufs dans vos herbages,
Des brebis, des moutons,
Des oisillons sauvages,
Songez soir et matin
Qu'à leur tour ils ont faim.

6

Recevez ce bouquet,
Que nous venons vous tendre,
Il est fait de genêt,
Pour vous faire comprendre
Que tous les vains honneurs
Passent comme les fleurs.

Les Oreillers

Chanson de noces normande

Cette chanson est plus particulièrement répandue en Normandie; elle se chante avec accompagnement de vielle, mais les artistes vielleurs sont devenus fort rares de nos jours.

2

Pour y chanter le bal à tout' la compagnie,
Oui da, oui da, Monsieur, s'il vous plaît vous le dire.

3

Sur le pont d'Avignon, j'ai ouï chanter la belle,
Qui dans son chant disait une chanson nouvelle.

4

J'ai perdu mes amours, je ne puis les requerre,
Ell's sont dessus la mer dans un bateau de verre.

5

Le bateau a cassé, ell's sont en Angleterre ;
Que don'rez-vous, la bell', pour qu'irait les requerre ?

6

Je donnerais Paris, Rouen et Larochelle,
Encor c' qui vaut bien mieux : cent acres de ma terre.

7

Bridez le ch'val, Moreau, et mettez-lui la selle,
Piquez d' l'ép'ron jusqu'à la porte de la belle.

8

Et quand vous serez là, vous mettrez pied à terre,
Frappez trois petits coups à la porte à la belle.

9

Ouvrez la porte, ouvrez, nouvelle mariée.
Car si vous ne l'ouvrez, vous serez accusée

10

Car si vous ne l'ouvrez, vous serez accusée
Par les trois beaux galants qui vous ont avisée.

11

Dans le jardin du roi, cueillant la giroflée,
Giroflé, romarin, lavande cotonnée.

12

Grand Dieu ! Comment l'ouvrir, suis dans mon lit couchée
Auprès de mon mari la première nuitée.

13

Attendez à demain la fraîche matinée,
Que mon mari sera-t-à voir ses ouvriers.

14

Comment pourrais-je attendre, j'ai la barb' gelée,
La barbe et le menton, la main qui tient l'épée.

15

Mes trois petits pageaux sont morts sur la gelée,
Et mes petits oiseaux ont pris leur avolée.

16

Ils ont volé si haut, la mer ils ont passée,
La mer et les poissons et toute la marée.

17

Sur le château du roi ont fait leur reposée.
Qui sont ces oiseaux-là qui ont la plum' dorée ?

18

Ah ! ce sont les oiseaux d' la nouvell' mariée;
Ouvrez la porte, ouvrez, nouvelle mariée.

Aux noces en Basse-Normandie, les jeunes gens invités amènent, la veille de la noce, sur une voiture, l'ameublement de la mariée dans la maison qu'elle doit habiter. Au milieu de cette voiturée est plantée une immense quenouille, entourée de rubans.

Au bal de la noce (à la dernière ronde), chaque invité danse, en tenant à la main le cadeau qu'il a apporté, que ce soit une chaise, une table, ou tout autre meuble incommode à faire entrer dans une ronde.

Chanson de la Gerbe

M. Ad. Orain (1) raconte ainsi cette petite fête campagnarde, à laquelle j'ai aussi assisté en Normandie : « La *Gerbe* se chante quand on a achevé le battage du blé. Lorsque la dernière *oirée* est rentrée, une fille et un garçon vont chercher le fermier et la fermière (le *bourgeois* et la *bourgeoise*), et les font asseoir au milieu de l'*aire* sur une gerbe ornée de fleurs et de rubans. On présente à la *bourgeoise* un gros bouquet. En même temps, le plus autorisé par son âge et ses services dans la maison entonne gravement et d'un air solennel le vieux chant traditionnel de la *Gerbe*, qui ne se chante que dans cette circonstance. »

(1) *Glossaire patois d'Ille-et-Vilaine, suivi de chansons populaires.* Paris, Maisonneuve et Ch. Leclerc, 1886.

_geoi _ _ se, Et _ le bour _ geois en sui _ vant.
Ah! bat _ tu j'a _ vous la ger _ _ be, _
Ah! _ bat _ tu j'a _ vous la ger _ _
_ be Au _ jour _ d'hui joy _ eu _ _ se _ ment!
rall

2

Voici la Saint-Jean qu'arrive,
Et le mois d'août en suivant.

3

Par un matin je m'y lève,
Par un beau soleil levant.

4

Dans mon jardin je suis entré,
Par une porte d'argent.

5

J'y vois planté-z-un romarin,
Qui fleurissait rouge et blanc.

6

J'en ai vit' coupé un' branche
Avec mes ciseaux d'argent.

7

Je l'envoie à ma maîtresse
Par le rossignol chantant.

8

Ell' m'y envoie un mot d'lettre
Par l'alouette des champs.

9

Et moi qui ne sais pas lire,
Je sais bien ce qu'il y a d'dans.

10

Il y a dedans la lettre :
Mon ami, je vous aim' tant.

11

Nous avons battu l'avoine,
Le blé, l'orge et le froment.

Heureux qui dans sa maisonnette

ou

La Veillée

La chanson de *la Veillée* dont l'air a servi de timbre dans maint vaudeville, est le seul morceau qui ait surnagé dans le naufrage d'*Ovinska ou les exilés en Sibérie*, opéra-comique en trois actes de Villemontez, musique de Gaveaux, représenté en 1801. La pièce d'*Ovinska* se passe sous Pierre le Grand, qui, grâce aux intrigues de Dolgorouky, avait exilé son premier ministre Menchicov en Sibérie.

Quelques années après, Dolgorouky éprouva le même sort.

Ces deux événements, qui, selon l'histoire, ne se passèrent point sous le règne de Pierre le Grand, mais sous celui de Pierre II, ne suffisaient pas comme intérêt, dans un opéra-comique. M. de Villemontez le corsa en imaginant l'amour partagé de la fille de Menchicov et du fils de Dolgorouky.

La partition d'*Ovinska* n'a pas été gravée, mais comme les deux frères Gaveaux étaient associés comme éditeurs de musique, ils ont fait paraître sept morceaux de cet opéra-comique avec un accompagnement de piano, entre autres la romance de *la Veillée*, dont le refrain est chanté à trois voix.

Andantino
CHANT
PIANO
p
p
Heu-reux qui
dans sa mai-son-net-te, Dont la neige a blan-chi le
ten.
toit, Nar-gue le cha-grin et le froid, Au re-frain d'u-ne
ten.
chan-son-net-te! Que les soirs d'hi-ver sont char-

2

Assis près de sa bien-aimée,
Voyez le paisible Lapon,
Lorsque la neige à gros flocons
Tombe sur sa hutte enfumée ;
Autour du feu, dans son réduit,
La famille entière assemblée,
Semble trouver six mois de nuit
Trop courts, trop courts pour la veillée.

3

J'aime surtout une soirée
Où l'on parle de revenants,
Alors qu'on entend tous les vents
Souffler autour de la contrée.
A ces récits intéressants,
Toute la troupe émerveillée
Tremble, écoute, et voudrait longtemps
Prolonger, prolonger la veillée.

4

C'est au hameau, dans une étable,
Qu'on se rassemble chaque soir ;
Les vieilles ont le dévidoir,
Les vieux ont le broc sur la table ;
Les jeunes garçons amoureux
Des fillettes de l'assemblée
Abrègent par des chants, des jeux,
De l'hiver, de l'hiver la veillée.

CHAPITRE DIXIÉME

Les Romances Célèbres

Les Romances célèbres

S'il fallait absolument donner une date de naissance ou d'origine à la romance, on pourrait partir de l'époque des troubadours (xie et xiie siècles).

Ces chants étaient composés par des poètes, qui généralement faisaient eux-mêmes les airs de leurs chansons, destinées à être produites devant des princes ou de grands seigneurs. Ce n'était certainement pas des compositions pour le peuple, aussi les chants des troubadours n'ont jamais été des chants populaires. Il y avait souvent un accompagnement, un pauvre accompagnement, qui se réduisait à une vielle ou à une viole ; et quand les instrumentistes étaient triés sur le volet, ils suivaient très probablement l'air du chanteur, tant bien que mal, sans le moindre accord.

Il est bon de le répéter : la musique instrumentale resta plus d'un siècle en arrière, comparée à la musique vocale. Celle-ci produisit des pièces à quatre, cinq et six voix, ou davantage, dès le xve siècle et surtout au xvie siècle, tandis que les premiers essais d'orchestre, soit le *Ballet de la Reine*, de Beaujoyeux (1582), soit l'*Euridice* de Peri (1601), et même l'*Orfeo* de Monteverde (1608) n'étaient que des œuvres de tâtonnement. Voyez également l'orchestre de Lulli (1650 à 1700) : c'est bien pauvre.

Haydn et Gluck ont fait faire un grand pas à l'ensemble instrumental, mais c'est surtout à partir de Mozart (1781) que l'orchestre marche de pair avec le chant.

Il faudrait tout un volume spécial, même plusieurs, pour donner toutes les romances qui ont été célèbres ; j'ai dû me restreindre à quelques-unes qui se chantent encore. Ces pièces n'ont été célèbres que dans une classe particulière de la société, celle qui, par son éducation, s'est occupée des beaux-arts, soit dès le collège pour les jeunes gens, les pensions pour les jeunes filles, enfin des personnes qui ont cultivé la musique avec des maîtres.

Je crois cependant que *Bouton de Rose*, *Il pleut bergère*, *Le premier pas*, se sont faufilés dans la mémoire populaire.

L'éducation musicale du grand nombre a, depuis trente ans, fait des progrès immenses en France, non pas grâce aux orphéons, dont l'influence musicale est petite, mais grâce à la diffusion des grands concerts, où le peuple va écouter des symphonies de maîtres, et les écoute même très attentivement, en applaudissant aux bons endroits.

A part *Combien j'ai douce souvenance*, qui est un air populaire de la Saintonge, les autres chants ou chansons de ce chapitre ne peuvent se passer de l'accompagnement de piano : les en priver serait les appauvrir considérablement. Quoique *Je suis Lindor* se chante au Théâtre-Français de Paris avec une simple guitare, le compositeur avait écrit peut-être pour cette ariette une harmonie, un accompagnement plus complet.

D'ailleurs, les mélodies de cette époque-là, même privées d'un accompagnement, peuvent encore se chanter, se faire comprendre, se faire écouter, et même faire plaisir, quand c'est un chanteur intelligent qui les dit. Aujourd'hui le mot mélodie a évidemment une autre signification : faites donc chanter une mélodie de Richard Wagner, de Berlioz, et surtout de leurs tristes et déplorables imitateurs, vous verrez si ce sera plein de charmes !

Pauvre Jacques

En 1780, on venait de construire pour la reine Marie-Antoinette le petit Trianon ; le jardin était nouvellement planté, et dans un endroit réservé, qu'on appelait *la petite Suisse*, on avait élevé un chalet représentant une ferme avec sa laiterie.

Il fallait animer ce paysage : on fit venir de la Suisse des vaches et une jolie laitière ; mais cette jeune fille ressentit bientôt les atteintes d'une mélancolie qui menaça ses jours. On découvrit qu'elle regrettait son pays et son fiancé. La reine fit venir Jacques, c'était le nom du jeune Suisse auquel elle était promise, la maria et dota les deux jeunes gens (1).

D'après Mme de Bombelles, dont M. J.-A. Le Roi a reproduit la note dans je ne sais plus quel journal, ce n'est pas une laitière suisse, mais un laitier que Madame Elisabeth (et non la reine Marie-Antoinette) avait fait venir pour sa maison de Montreuil (à Versailles) que le roi Louis XVI, son frère, lui avait donnée.

Mme de Bombelles donne des détails très précis : « Madame Elisabeth avait fait venir de la Suisse plusieurs vaches, et désirant avoir, pour les soigner, un jeune pâtre de Fribourg, elle avait chargé Mme de Raigecourt de prier Mme Diesbach de lui procurer un bon sujet. »

Ce fut un nommé Jacques Bosson qui eut la bonne fortune de devenir le laitier de Madame Elisabeth à la maison de Montreuil, et l'on fit venir de Fribourg sa promise, Mlle Marie-Françoise Magnin, qu'il épousa à la paroisse Saint Symphorien : tous les deux étaient de Bulle, à cinq ou six lieues de Fribourg.

Ce qu'on sait moins, c'est que la femme de Jacques fut arrêtée et mise en prison, à cause de son dévouement à Madame Elisabeth ; son mari avait pu fuir en Suisse, mais il revint en France et parvint à obtenir l'élargissement de sa femme.

Ceci est l'histoire racontée généralement, mais on va voir qu'elle est aussi sujette à caution. Une chose qui n'a jamais été contestée, c'est la provenance des paroles de *Pauvre Jacques*. On lit dans les *Mémoires de la baronne d'Oberkirch* : « Je suis liée avec Mme de Travanet de la plus vive amitié ; c'est une des meilleures, une des plus spirituelles, une des plus charmantes femmes que je connaisse. Elle a été dame de Madame Elisabeth, et ne l'était plus au moment dont je parle. C'est elle qui a composé la chanson de *Pauvre Jacques*, dont *l'air et les paroles* sont si touchants. »

Quant à la citation de Félix Clément dans son *Dictionnaire lyrique*, à *The Whim of the moment* (le caprice du moment), elle tombe complètement à faux, en attribuant à Dibdin paroles et musique de *Pauvre Jacques*, tout simplement parce que dans ce vaudeville il y a un morceau intitulé *Poor Jack* ; ni les paroles ni la musique n'ont aucun rapport avec la romance dont nous parlons.

____

(1) *Notice sur la chanson en France*, par M. F. PINON, Reims, 1843.

Voyage de l'amour et du temps

Cette chanson a paru sous la première République. On lit sur le titre de l'édition *princeps* : *Paroles du citoyen Ségur, musique du citoyen Solié.*

Le vicomte Joseph de Ségur donna sa démission de colonel ou de maréchal de camp au commencement de la Révolution, et ne s'occupa plus que de littérature. Homme du monde, il y brilla par son esprit naturel, son aménité et sa conversation agréable. Il a écrit beaucoup de pièces de théâtre, de charmantes romances et de spirituelles chansons.

Le Voyage de l'amour et du temps a eu un succès universel, qui n'est pas encore éteint, le sujet étant de tous les pays et de tous les temps.

Solié, l'auteur de la musique, a d'abord été acteur, mais il est mieux connu comme compositeur d'une douzaine d'opéras-comiques, dont plusieurs ont eu un véritable succès, par exemple le *Secret.*

Solié a également fait représenter un acte, *Louise, ou la Malade par amour* ; Solié y jouait le principal rôle d'homme, et Mᵐᵉ Gavardan était chargée de celui de la *malade par amour.*

Bouton de rose

La poésie, gentiment tournée, de cette romance, est l'œuvre d'une jeune fille, Mˡˡᵉ Constance-Marie de Théis, qui devint plus tard princesse de Salm, après avoir été Mᵐᵉ Pipelet.

Ce nom, peu élégant, était celui d'un médecin, membre de l'Académie.

On ne se figure pas facilement qu'une femme d'un esprit supérieur, écrivain de talent et poète, s'appelât Mᵐᵉ Pipelet (1).

Cela dura cependant une dizaine d'années, après lesquelles les époux se séparèrent, en profitant de la loi du divorce. Trois ans plus tard, elle épousa le prince de Salm. Cette femme aimable et douée, membre de plusieurs sociétés savantes ou littéraires, avait à Paris un salon recherché par les hommes les plus distingués dans les lettres et les sciences. Le célèbre astronome Lalande lui demanda d'écrire son éloge après sa mort. Elle-même mourut en 1845 (2).

La gracieuse poésie de *Bouton de rose* avait paru en 1788 dans l'*Almanach des Grâces*, et ce ne fut que dix ans plus tard que Pradher, professeur de piano au Conservatoire, mit en musique ces charmantes paroles. Pradher a écrit plusieurs petits opéras-comiques, mais aujourd'hui on ne se souvient pas plus de lui que de sa musique, si ce n'est en chantant *Bouton de rose.*

(1) La Bibliothèque du Conservatoire possède un exemplaire du *Quatrième recueil de petits airs de chant dédié à la Théis Pipelet par le D. Martini.* La poésie du dernier morceau, *Stances*, est de Mᵐᵉ Pipelet.

(2) La princesse de Salm, quand elle était encore Mᵐᵉ Pipelet, a écrit un éloge du célèbre violoniste Gaviniès, éloge fort bien fait, délicatement tourné ; il eut un certain retentissement.

Combien j'ai douce souvenance

On lit dans les *Aventures du dernier Abencerrage,* récit de M. de Chateaubriand : « Après ces discours, Lautrec, qui voulait amuser la divinité de cette fête, prit une guitare et chanta cette romance, qu'il avait composée sur un air des montagnes de son pays :

> Combien j'ai douce souvenance
> Du joli pays de ma naissance, etc.

En note il y a : « Cette romance est déjà connue du public ; j'en avais composé les paroles pour un air des montagnes d'Auvergne, remarquable par sa douceur et sa simplicité. »

Cet air auvergnat se trouve dans l'*Album auvergnat* de *J.-B. Bouillet,* Moulins, in-4°, sans date. Il y a cinq couplets, dont voici le premier :

A la suite de cette chanson auvergnate, on trouve une médiocre traduction française par M. de Barante, préfet de Genève :

> Mes parents m'ont fait l'épousée
> D'un vieillard de fortune aisée,
> Sur la foi d'hymen scrupuleux,
>> Petite,
> Plein d'honneur comme ses aïeux
>> Si vieux.

Il y a encore six strophes équivalentes à celle-ci. La mélodie auvergnate et celle qu'on chante sur les paroles de Chateaubriand diffèrent très peu l'une de l'autre.

M. de Chateaubriand a fait les vers de cette romance pour sa sœur Lucile (appelée Hélène dans la chanson). M. de Sainte-Beuve a fait remarquer que dans *René* M. de Chateaubriand est lui-même en scène avec sa sœur Lucile.

Femme sensible

Romance chantée dans l'opéra d'*Ariodant*, paroles de Hoffmann, musique de Méhul. La première représentation eut lieu en octobre 1799 : le succès fut grand.

Au commencement du deuxième acte, il y a un divertissement chez Edgard, un ancien prince d'Ecosse (selon le livret). Après le chœur :

> O nuit, propice à l'amour, etc.,

un barde tenant une harpe s'avance, et chante la délicieuse romance :

> Femme sensible, entends-tu le ramage ? etc.

qui fut acclamée avec enthousiasme, et qui acquit les honneurs de la popularité. Cette romance était chantée par Batiste, remplissant un rôle purement épisodique dans la pièce. La partie de harpe était jouée par Dalvimare, qui eut en son temps une grande réputation, et qui, à part ses sonates pour harpe et violon, a composé plusieurs recueils de romances, dont plusieurs ont été très répandues et très chantées.

Je suis Lindor

Beaumarchais était musicien, il donnait même des leçons de harpe aux filles de Louis XV. Il a composé un certain nombre d'airs et de romances : les airs du *Barbier de Séville* sont de lui, orchestrés par Baudron, alors chef d'orchestre de la Comédie-Française (1). C'est à tort qu'on a quelquefois attribué ces airs, au moins *Je suis Lindor*, à Monsigny dans son opéra-comique *le Maître en droit* ; il n'y a pas l'ombre d'un plagiat, voici la phrase sur laquelle on se fondait :

A la Comédie-Française on chante maintenant cet air avec un simple accompagnement de guitare.

(1) La bibliothèque du Conservatoire possède deux exemplaires de ces airs du *Barbier de Séville* gravés sans nom d'auteur.

Fleuve du Tage

Toutes les grand'mères centenaires (s'il en reste) ont dû chanter *Fleuve du Tage* dans leur belle jeunesse. C'était un succès tellement grand parmi les jeunes femmes et les jeunes filles qui *pinçottaient* un peu de harpe ou de guitare, que le peuple à son tour a voulu s'en mêler, une fois qu'il eut entendu cette mélodie simple et facile, dans les vaudevilles qui s'en étaient emparés, bien avant que la *Clé du Caveau* l'eût insérée dans sa troisième édition, parue sans doute en 1818 ou 1819.

Le goût des bergeries commençait à disparaître, mais les romances sentimentales étaient en pleine vogue. C'est même parce que ce thème si simple était venu à son époque qu'il fut tant chanté. Les paroles de *Fleuve du Tage* sont de J.-H. Demeun, poète oublié par les biographes. Quant au musicien B. Pollet, c'était, je crois, un petit professeur de harpe, et c'est ce petit professeur de harpe qui fit garder la mémoire du nom des Pollet, parmi les quatre ou cinq cités par Fétis, qui ignorait que l'un d'eux était l'auteur de *Fleuve du Tage*.

L'édition originale étant à deux voix, je la donne ainsi.

Plusieurs cantiques se chantaient et se chantent peut-être encore sur cet air.

Où peut-on être mieux qu'au sein de sa famille ?

C'est là le thème principal d'un quatuor de l'opéra (sentimental) de *Lucile*, paroles de Marmontel, musique de Grétry. Ce thème eut un succès étonnant, débordant. On lit dans le volume sur *Grétry* de Michel Brenet (1) : « Après avoir été applaudi avec frénésie par les spectateurs de la Comédie italienne (1769), il devint populaire, proverbial même ; il se grava dans toutes les mémoires et reçut les applications les plus diverses. »

D'après les *Souvenirs du comte d'Haussonville*, on vit, pendant la Révolution, des émigrés et des officiers du corps de Pichegru, rapprochés un moment par un échange de prisonniers, s'asseoir à la même table et heurter fraternellement les verres en chantant : *Où peut-on être mieux qu'au sein de sa famille ?* Cet air se jouait par les musiques militaires le 26 février 1795, tandis que Charette entrait à Nantes avec les représentants du peuple, pour signer le traité de pacification (2).

On chanta cet air sous Napoléon, on le chanta encore, et plus que jamais, après le retour des Bourbons : c'était leur air favori, toutes les musiques militaires le jouaient. Félix Clément, dans son *Dictionnaire* lyrique (à *Lucile*), raconte qu'un soir, dans un théâtre de province, où l'on jouait la tragi-comédie de *Samson*, Arlequin luttant sur le théâtre avec un dindon, celui-ci se réfugia dans une loge d'avant-scène occupée par des employés des droits réunis, et le parterre entonna : *Où peut-on être mieux qu'au sein de sa famille ?*

(1) *Grétry, sa vie et ses œuvres*, par MICHEL BRENET, Paris, 1884.
(2) Id., p. 46.

O ma tendre musette

En 1770, il avait paru un essai de journal in-8°, intitulé *Journal de musique historique, théorique et pratique*: il vivotait encore en 1773, et dans le n° 6 de cette année-là on trouve à la page 32 :

Romance de M. de La Harpe. Sur l'air : *Défiez-vous sans cesse.*

Il y a la notation de l'air qui n'est autre que celui que nous connaissons : *O ma tendre musette.* Du Mersan (1) adjuge cet air à Monsigny ; la *Clé du Caveau* le donne à Philidor. Les œuvres de ces compositeurs ne renferment pas cette mélodie, et pour en revenir au *Journal de musique* de 1773, j'observerai que, précisément cette année-là, Monsigny venait d'être acclamé avec son opéra-comique *le Déserteur*, et le *Journal de musique* eût été aux anges de mettre le nom de Monsigny (2). En 1774, un an plus tard, *O ma tendre musette* reparut pour la seconde fois, non pas dans le *Journal de musique*, mais dans l'*Almanach des muses* ; la poésie est toujours signée de la Harpe, la musique est toujours anonyme.

Cet orphelin, cet air charmant est d'ailleurs antérieur aux dates que j'ai données : le Conservatoire de musique possède un album relié, in-4° oblong ; il est manuscrit, de la même main d'un bout à l'autre, et porte la date de 1768.

Sur le plat, en lettres d'or : *Recueil d'airs à Madame la marquise Dupleix.*

C'est un retour de l'Inde sans doute, mais il n'y a pas de nom de musicien : nous ne le saurons pas, nous ne le saurons jamais.

Le premier pas

Les paroles sont de Bouilly et Moreau, la musique est de Joseph-Denis Doche (le père), ancien maître de chapelle, chef d'orchestre du vaudeville. *Le premier pas* est gravé dans *la Musette du Vaudeville,* par Doche.

Probablement que, dès son apparition, cette jolie chanson a été arrangée (ou parodiée, comme on disait) pour les enfants, et c'est avec ces paroles-là qu'elle est le mieux connue :

> Mon p'tit papa, c'est aujourd'hui ta fête,
> Maman m'a dit que tu n'étais pas là,
> J'avais des fleurs pour couronner ta tête,
> Un doux baiser pour embraser ton cœur,
> Mon p'tit papa, mon p'tit papa.

Or, c'est ce chef-d'œuvre qui s'est conservé dans la tradition, et a fait oublier le texte primitif, qui n'est pas sans mérite et qui a son cachet.

J.-D. Doche le père a composé la musique de beaucoup de vaudevilles, entre autres du *Petit Courrier*, représenté en 1811 ; c'est de cette pièce qu'est tirée la romance *Le premier pas.*

Le fils de ce Doche a marché sur les traces de son père, son souvenir n'est pas effacé de la génération actuelle, il est mort à Saint-Pétersbourg en 1849.

(1) *Chants et chansons populaires de la France*, 1848.
(2) Monsigny n'est mort qu'en 1817.

Plaisir d'amour

Romance du chevrier, dans *Célestine*, nouvelle de M. le chevalier de Florian.

Jean-Paul-Egide Martini (1), à son arrivée à Paris, avait publié quelques airs de chant avec accompagnement du quatuor des instruments à cordes, comme c'était alors la coutume (vers 1770). Les amateurs, maintenant comme alors, n'ont pas tous les jours un quatuor à leur disposition ; aussi on trouve gravé sur le titre d'un des premiers recueils parus de Martini : « L'auteur de la musique de cet ouvrage s'est vu obligé de faire lui-même les accompagnements de harpe ou de forte-piano à ses airs pour les réhabiliter, tous ceux qui ont été faits jusqu'à présent n'étant nullement conformes à la partition. »

Ces parties de quatuor gravées sont devenues fort rares : elles se trouvent dans le même volume où *l'auteur a été obligé de faire lui-même un accompagnement de forte-piano.* Cela se vendait « chez le portier de M. Le Normand d'Etiolles ».

Berlioz ne savait pas sans doute que Martini avait orchestré lui-même *Plaisir d'amour.*

Le second *Recueil des petits airs de chant* de Martini a une dédicace à Mme Le Brun, de l'Académie royale de peinture :

> Je voulais dédier cette œuvre à la beauté
> Qui sait unir le goût à la délicatesse,
> Les grâces aux talents, l'esprit à la finesse :
> Votre nom aussitôt à moi s'est présenté,
> Et c'est à vous, Le Brun, que je l'adresse.

La dédicace du quatrième Recueil est *à la citoyenne Théis Pipelet.* Il n'y a pas de vers puisque Mme Pipelet (depuis princesse de Salm) était poète elle-même (2).

Martini a eu des succès au théâtre ; mais si son nom ne s'est pas encore effacé dans la mémoire des vrais amateurs de musique, c'est grâce à son adorable *Plaisir d'amour.*

Il pleut, bergère

Le féroce républicain Fabre d'Eglantine est l'auteur des paroles *Il pleut, bergère.*

Il s'appelait tout simplement Fabre, mais ayant remporté une *églantine d'or* aux Jeux floraux de Toulouse pour une de ses poésies, il trouva bon de s'ennoblir, comme beaucoup de mangeurs de nobles l'ont fait avant et après lui.

Louis-Victor Simon, compositeur et administrateur du théâtre Montausier, mit cette romance en musique, et elle ne tarda pas à devenir populaire par sa grâce et le charme de sa mélodie. En 1787, Dalayrac fit représenter son opéra *Renaud d'Ast.* On y trouve la mélodie de M. Simon sur de nouvelles paroles :

> Il neige, il vente, il gèle,
> Hélas ! que devenir ? etc.

(1) Son vrai nom était *Schwartzendorf* ; on voit qu'il a bien fait d'en changer, en venant à Paris.

(2) Voyez *Bouton de Rose.*

L'éditeur Le Duc, acquéreur du magasin de musique de La Chevardière, réédita *Il pleut, bergère* dans le n° 48 de son *Journal hebdomadaire* (23ᵉ année). Le nouveau titre est *Romance des arts et de l'amitié* (légèrement prétentieux), *chantée par Mᵐᵉ Saint-Aubin, musique de M. Simon.*

A cette édition est joint un texte nouveau, mais misérable à côté des paroles originales ; il y a également seize mesures de plus en mineur, aussi faibles que les paroles.

Le compositeur Louis-Victor Simon n'est mort qu'en 1820.

Quand le bien-aimé reviendra

Le compositeur Dalayrac, qui a écrit la musique de *Nina ou la Folle par amour*, était né en 1753 à Muret (cinq lieues de Toulouse). La plupart de ses 50 opéras-comiques eurent un grand succès. Voici ce que dit Pixérécourt (1) de *Nina*, d'où est tirée la romance *Quand le bien-aimé reviendra* : « Le sujet de cette pièce étant une innovation, on n'osa pas la risquer d'abord devant le public. Dalayrac pria Mˡˡᵉ Guimard (2), qui, comme on le sait, recevait alors les personnes de la plus haute distinction, de permettre qu'on en fît l'essai sur son théâtre. L'enthousiasme qu'elle excita enhardit les auteurs à la faire représenter, et bientôt la France entière raffola de cette aimable insensée. »

Paisiello a écrit ce même sujet pour le théâtre italien. La musique italienne n'eut pas moins de succès que la française.

(1) *Vie de Dalayrac*, par René-Charles-Guilbert de Pixérécourt, Paris, 1810. Dalayrac est mort en 1809.

(2) Mˡˡᵉ *Guimard*, célèbre danseuse de l'Opéra, était riche… de richesses acquises en dehors du théâtre, mais elle avait du talent et elle était généreuse pour les pauvres. Elle s'était fait bâtir un palais dans la Chaussée-d'Antin, et dans ce palais un théâtre où venaient jouer les comédiens ordinaires du roi.

Pauvre Jacques

PAROLES DE Mme DE TRAVANET.MUSIQUE D'UN COMPOSITEUR INCONNU.

poco cres.
Je man_que de tout sur la ter _ _ _ re,_____
p   ten.
Je man_que de tout_ sur la ter _ _ _ _ re!
FIN.
FIN.
1re STROPHE
Quand tu ve _ nais par _ ta_ger mes tra _ vaux_____
p
Je trou _ vais_____ ma tâ _ che lé _ gè _ re;
p

mf
T'en sou_viens _ tu, tous les jours é_taient beaux,
mf
en ralentissant
p
Qui me ren _ dra ce temps pros _ pè _ _ _ re?
p
ten.
ten.
rit.

2ine
STROPHE
Quand le so _ leil bril _ le sur les gué _ rets,
p
Je ne puis souf _ frir _ sa lu _ miè _ re,
mf
Et quand je suis _ à l'om _ bre des fo _ rêts,
p
J'ac_cu _se la na_ture en _ tiè _ _ re...

Voyage de l'Amour et du Temps

PAROLES DE M. DE SÉGUR.   MUSIQUE DE SOLIÉ.

quoi! sur ces bords on m'ou_bli _ _ e, Moi qui comp_te tous les ins_
_tants? Mes bons a _ mis, je vous sup_pli _ _ e, Venez, ve_
_nez passer le Temps; Mes bons a _ mis, je vous sup_pli _ e, Venez, ve_
_nez, passer _ le Temps, Venez, ve _ nez _ passer _ le Temps.

2me STROPHE
De l'autre cô_té sur _ la _ pla_ge, Plus d'u_ne
fil_le re_gar_dait, Voulant ai_der à son pas _ sa _ ge Sur un ba_
_teau qu'A_mour gui _ dait; ___ Mais u _ ne d'elle, bien plus sa _ ge, Leur répé_
_tait ces mots pru _ dents: "Bien souvent on a fait nau_fra _ ge, En cherchant
à passer le Temps, Bien souvent on a fait nau_fra _ ge, En cherchant
à passer _ le Temps, En cherchant à _ passer _ le Temps.
3me STROPHE
L'amour gaî_ment pousse au _ ri _ va_ge, Il a_
_bor_de tout près du Temps; Il lui pro _ po _ se le _ voy _ a _ ge, L'embarque et
s'a _ ban_donne aux vents ___ A_gi _ tant ses rames lé _ gè _ res, Il

dit et redit dans ses chants: Vous voyez bien, jeunes ber-gè-res, Que l'amour
fait passer le Temps, Vous voyez bien, jeunes ber-gè-res, Que l'amour
fait passer_ le Temps, Que l'amour fait_ passer_ le Temps.
4me STROPHE
Mais tout à coup l'amour se las-se, Ce fut tou-
_jours là son dé-faut... Le Temps prend la rame à sa pla-ce, Lui dit: Eh!
quoi! cè-der si tôt?_ Pauvre en-fant, quelle est ta fai-bles-se: Tu
dors, et je chante à mon tour Ce vieux re-frain de la sa-ges-se: Ah! le Temps
fait passer l'a-mour! Ce vieux re-frain de la sa-ges-se: Ah! le Temps
fait passer_ l'a-mour, Ah! le Temps fait_ passer_ l'a-mour!

Bouton de Rose

POÉSIE DE Mlle C. DE THÉIS *(plus tard princesse de Salm).*   MUSIQUE DE PRADHER.

Pour finir
_ se, Bouton de ro _ _ se. _ se.
2me COUPLET
Au sein de Ro _ _ se Heureux bouton, tu vas mou _ rir!
Ah! si j'é _ tais bou _ ton de ro _ _ se, Je ne mour_rais que de plai _ sir...
Au sein de Ro _ se Au sein de Ro _ _ se.
3me COUPLET
Au sein de Ro _ _ se Tu pourras trouver un ri _ val...
Ne jou_te pas, bou_ton de ro _ _ se, Car rien au monde n'est é _ gal _
Au sein de Ro _ se Au sein de Ro _ _ se.
4me COUPLET
Bouton de ro _ _ se, Adieu, Ro _ se vient, je la vois!..
S'il est u _ ne mé_temps i _ co _ _ se, Grand Dieu, par pi_tié ren_dez - moi
Bouton de ro _ se Bouton de ro _ _ se.

Combien j'ai douce souvenance

PAROLES DE CHATEAUBRIAND.   AIR POPULAIRE AUVERGNAT.

rall.
p pp
O mon pa_ys sois mes a_mours Tou_jours!
p pp rall.

2e et 3e COUPLETS
p
Te sou_vient-il que no_tre mè_re, Au foy_er de no_
Ma sœur, te sou_vient-il en_co_re Du château que bai_
sfz p
_tre chau_miè_re, Nous pressait sur son cœur joy_eux, Ma
_gnait la Do_re, Et de cet_te tant vieil_le tour Du
rall.
p
chè_re? Et nous bai_sions ses blancs che_veux, Tous_ deux!
Mau_re, Où l'airain son_nait le re_tour Du_ jour?

4e 5e et 6e COUPLETS
p
Te souvient-il du lac tran_quil_le Qu'effleurait l'hi_ron_
Te souvient-il de cet_te a_mi_e, Ten_dre com_pa_gne
Ah! qui me ren_dra mon Hé_lè_ne, Et ma mon_tagne et
sfz p
_del_le a_gi_le, Du vent qui cour_bait le ro_seau Mo_
de ma vi_e, Dans les bois en cueil_lant la fleur Jo_
le grand chê_ne? Leur sou_ve_nir fait tous les jours Ma
rall.
p
_bi_le, Et du so_leil cou_chant sur l'eau, Si_ beau!
_li_e, Hé_lène ap_puy_ait sur mon cœur Son_ cœur!
pei_ne, Mon pa_ys se_ra mes a_mours Tou_jours!

Femme Sensible

PAROLES DE HOFFMANN.   MUSIQUE DE MÉHUL.

poco rit.
_va _ ge   Le   prin_temps fuit,_____ hâtez-vous   d'être heu_
suivez
_reux! _____ Le   prin_temps fuit,_____ hâtez-vous   d'être heu_reux.
2me STROPHE
3
Vois - tu   ces   fleurs,   ces
fleurs qu'un doux zé_phi _ re   Va   ca _ res _ sant   de son
souffle a_mcu_reux,   En   se   fa_nant   el_les scm_blént   te
poco rit.
di _ re: L'hi _ ver ac _ court,   hâ_tez-vous   d'être heu_
_reux,   L'hi _ ver ac_court,   hâ_tez-vous   d'être heu _ reux.

3me STROPHE
mf
p
Mo _ ments char _ mants _____ d'a _
_ mour et de ten _ dres _ se, Comme un é _
_ clair _____ vous fu _ yez _____ à nos yeux,
tr
p

Et tous les jours per _ dus dans la tris_
_tes _ _ se, Nous sont comp _ tés com _ me des
_jours heu _ reux! Nous sont comp_
_tés com _ me des jours heu _ reux.

Je suis Lindor ou Vous l'ordonnez

PAROLES ET MUSIQUE DE BEAUMARCHAIS.

cresc.
decresc.
_rer?___ N'im _ por _ _ _ te, il faut o _ bé _ ir ___ à son
cresc.
decresc.
maî _ _ tre.
rit.
2e et 3e STROPHE
p
Je ___ suis Lin _ dor, ma naissance est com _ mu _ ne,
Tous ___ les ma _ tins, i _ ci, d'u _ ne voix ten _ dre
Mes vœux sont ceux d'un sim _ ple ___ ba _ che _ lier; ___ Que n'ai _ je,
Je chan _ te _ rai mon a _ mour ___ sans es _ poir, ___ Je bor _ ne _
cresc.
hé _ _ las! d'un bril _ lant che _ va _ lier A vous ___ of _
_rai ___ mes plai _ sirs ___ à vous voir, ___ Et puis _ _ siez _
decresc.
4
_frir le rang et ___ la for _ tu _ _ ne.
vous en trou _ ver ___ à m'en _ ten _ _ _ dre!

Fleuve du Tage

Duetto.

PAROLES DE J. H. DEMEUN.   MUSIQUE DE B. POLLET.

mf
_dres_se mes a_dieux! Ro_chers, bois de la
mf
_dres_se mes a_dieux! Ro_chers, bois de la
ri _ ve, E _ cho, nym _ phe plain _ ti _ _ ve,
ri _ ve, E _ cho, nym _ phe plain _ ti _ _ ve,
poco rit.
p
Hé _ las! je vais____ vous quitter pour ja _ mais.
p
Hé _ las! je vais____ vous quitter pour ja _ mais.
p
poco rit.

1re VOIX
p
2 Jours de ten_dres_se Comme un beau songe ont fui;
3 Ter_re ché_ri_e, Où j'ai re_çu le jour,
2me VOIX
p
2 Jours de ten_dres_se Comme un beau songe ont fui;
3 Ter_re ché_ri_e, Où j'ai re_çu le jour,

mf
Jours de tris_tes_se, De chagrins et d'en_nui, Loin
Jeu_ne Ma_ri_e, Ob_jet de mon a_mour, Ro_
mf
Jours de tris_tes_se, De chagrins et d'en_nui, Loin
Jeu_ne Ma_ri_e, Ob_jet de mon a_mour, Ro_

de ma douce a_mi_e Dé_sormais de ma vi_e
_chers, bois de la ri_ve, E_cho, nym_phe plain_ti_ve,
de ma douce a_mi_e Dé_sormais de ma vi_e
_chers, bois de la ri_ve, E_cho, nym_phe plain_ti_ve,

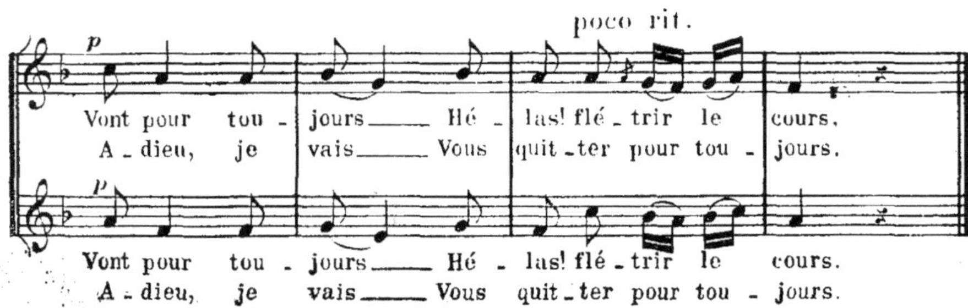
poco rit.
p
Vont pour tou_jours Hé_las! flé_trir le cours.
A_dieu, je vais Vous quit_ter pour tou_jours.
p
Vont pour tou_jours Hé_las! flé_trir le cours.
A_dieu, je vais Vous quit_ter pour tou_jours.

Où peut-on être mieux

Duetto

PAROLES DE MARMONTEL.   MUSIQUE DE GRÉTRY.

Où peut - on ê - tre mieux, Où peut - on
Où peut - on ê - tre mieux, Où peut - on
ê - tre mieux qu'au sein de sa fa - mil - le?
ê - tre mieux qu'au sein de sa fa - mil - le? Tout
Tout est con - tent, le cœur, les yeux, le
est con - tent, Tout est con - tent, le

cœur, les yeux; Vi _ vons, ai_mons, vi _ vons, ai_mons comme nos
cœur, les yeux; Vi _ vons, ai_mons, vi _ vons, ai_mons comme nos
bons a _ïeux; Vi _ vons, ai _ mons, vi _ vous, ai _ mons comme nos
bons a _ïeux; Vi _ vons, ai _ mons, vi _ vous, ai _ mons comme nos
bons a _ ïeux, comme nos bons a _ ïeux.
bons a _ ïeux, comme nos bons a _ ïeux.

O ma tendre Musette

PAROLES DE M. DE LA HARPE.   MUSIQUE DE MONSIGNY.

poco cresc.
Tu m'a_vais trop flat _ té, Chan _ te son in _ cons_
dim.
_tan _ ce Et ma fi _ dé _ li _ té!
poco rit.
2e 3e et 4e COUPLETS
C'est l'amour, c'est sa flam_me Qui bril_le dans ses
Sa voix pour me sé_dui_re A_vait plus de dou_
O ma ten_dre mu_set_te, Conso_le ma dou_
yeux, Je croyais que son â _ me Bril_lait des mê_mes
_ceurs, Jus_ques à son sou _ ri _ re Tout en elle est trom_
_leur, Par _ le-moi de Li _ set _ te, Ce nom fait mon bon_
feux! Lisette a son au _ ro _ re, Res_pirait le plai_sir...
_peur... Tout en elle in_té _ res _ se, Et je voudrais hé_las!
_heur! Je la revois plus bel _ le, Plus bel_le tous les jours...
poco cresc.
dim.
Hé _ las! si jeune en _ co _ re Sait-on dé_jà tra_hir!
Qu'elle eût plus de ten dres _ se Où qu'elle eût moins d'ap _ pas.
Je me plains tou_jours d'el _ le, Et je l'ai_me tou_jours!

Le premier pas

PAROLES DE BOUILLY ET MOREAU.   AIR DE DOCHE.

Un peu animé
_quen _ ce,   En ba _ di _ nant fait faire à   l'in_no_
poco rit.
ten.
_cen _ ce   Le premier   pas,   Le premier pas.___
p suivez
2e et 3e COUPLETS
p
Au pre_mier pas,   un bonheur qu'on i _ gno _ re,
Le pre_mier pas,   ra _ rement in_qui _ è _ te
Sait à nos cœurs pré_sen_ter tant d'ap_pas,___   Qu'à son dé_
Jeu _ ne beau _ té qu'a_mour prend dans ses lacs,___ Mais sur la
_clin, re_gret_tant son au _ ro _ re,   Fem_me sou_vent veut qu'on
route où le fri _ pon la guet_te,   Plus elle a _ van _ ce et
poco rit.
ten.   p
la croie en _ co _ re Au premier   pas,   Au premier pas.___
plus elle re_gret _ te Le premier   pas,   Le premier pas.___

Plaisir d'Amour

PAROLES DE M. DE FLORIAN.   MUSIQUE DE MARTINI.

pp
_mour du _ re tou_te la vi _ _ e.
pp
mf
p
J'ai tout quit _ _
p
p
_té pour l'ingra_te Syl _ vi _ _ e,

poco cresc.
decresc.
tr
El _ _ le me quitte et prend un autre a _ _
_mant.
mf
poco cresc.
decresc.
3
rit.
p
Plai _ sir_______ d'a _ _
dim.
3
p
_mour ___________ ne du _ re qu'un mo _ ment, _________ Cha_

pp
_grin   d'a _ mour du_re tou_te la vi _ _
cresc.
pp
_e.
mf
p
p
Tant   que   cette eau   cou_ le_ ra   dou _ ce_

_ment_____ Vers ce ruisseau qui bor _ de la _ prai_
_ri _ e, Je t'ai _ me _
_rai me ré_pé_tait_ Syl _ vi _ e...
L'eau coule en _ cor, _____ Elle a changé _ pour_

rit.
a Tempo
ten.
ten.
p
Plai.
-tant!
a Tempo
p
-sir d'a _ mour _____ ne du _ re qu'un mo _
_ment _____ Cha _ grin _____ d'a _ _
cresc.
pp
_mour du _ re tou_te la vi _ _ _ e!
pp

Il pleut, bergère

PAROLES DE FABRE D'ÉGLANTINE.

MUSIQUE DE SIMON.

2ᵐᵉ COUPLET

Entends-tu le tonnerre,
Il roule en approchant;
Prends un abri, bergère,
A ma droite en marchant;
Je vois notre cabane....
Et tiens, voici venir
Ma mère et ma sœur Anne
Qui vont l'étable ouvrir,

3ᵐᵉ COUPLET

Bonsoir, bonsoir ma mère,
Ma sœur Anne bonsoir;
J'amène ma bergère,
Près de vous pour ce soir:
Va te sècher, ma mie,
Auprès de nos tisons;
Sœur, fais-lui compagnie,
Entrez petits moutons.

4ᵐᵉ COUPLET

Soignons bien, ô ma mère,
Son tant joli troupeau;
Donnez plus de litière
A son petit agneau,
C'est fait, allons près d'elle;
Eh bien donc te voilà!
En corset qu'elle est belle!
Ma mère voyez-la.

5ᵐᵉ COUPLET

Soupons, prends cette chaise,
Tu seras près de moi,
Ce flambleau de mélèze
Brûlera devant toi....
Goûte de ce laitage,
Mais tu ne mange pas....,
Tu te sens de l'orage,
Il a lassé tes pas.

6ᵐᵉ COUPLET

Eh bien! voilà ta couche
Dors-y jusques au jour,
Laisse-moi sur ta bouche
Prendre un baiser d'amour.
Ne rougis pas, bergère,
Ma mère et moi demain
Nous irons chez ton père
Lui demander ta main.

Quand le bien-aimé reviendra

PAROLES DE MARSOLLIER.   MUSIQUE DE DALAYRAC.

Mais, je re _ gar _ de... mais je re _
_ gar _ de... hé _ las! hé _ las! Le bien ai _
_ mé ne re _ vient pas, le bien ai _ mé ne re _ vient
pas.
pp
pp
p
p
p
f
p
poco rit.

2me STROPHE
Oi_seaux, vous chan_te_rez bien
mieux___ Quand du bien ai_mé la___ voix ten_dre Vous pein_
_dra ses transports, ses feux, Car c'est à lui de vous l'ap_pren_
_dre... Mais, mais j'é_cou_te... Mais, mais j'é_
_cou_te... Hé_las!___ hé_las! Le bien ai_mé ne chan_te
pas, Le bien ai_mé ne chan_te pas!
3me STROPHE
E_cho que j'ai las_sé cent
fois___ De mes re_grets, de ma___ tris_tes__se, Il re_
Te demande aus_si sa mai_tres__
_vient, peut-ê_tre, sa voix M'appelle a_vec___ i_vres_
_se! ah! il ap_pel_le... Ah! il ap_pel_le... Hé_
_las!___ hé_las! Le bien ai_mé n'ap_pel_le pas, Le bien ai_
_mé n'appel_le pas... hé_las! hé_las!___

Quelques observations

sur la Chanson Populaire

Quelques observations

sur la Chanson populaire

On applique improprement le nom de *Chanson populaire* à un air de vaudeville qui, inséré par un compositeur dans un drame ou dans une comédie,
obtient un succès de popularité à quelque titre que ce soit. Cette chanson
est devenue populaire, soit, mais ce n'est pas là un vrai type de *chanson populaire*. Cette dernière est créée généralement par le peuple lui-même, ce poète
multiple et inconnu, travaillant en dehors de l'art, ne sachant parfois ni lire
ni écrire, connaissant encore moins les principes de la musique. Or,
disons-le tout de suite, l'alliance de l'air et des paroles est si intime dans
la chanson populaire, que reproduire l'un sans l'autre me fait le même
effet qu'un amas de pierres dans lequel on voudrait me faire admirer un
palais.

La plupart des écrivains qui, il y a quelques années, se sont occupés de
publier des chansons populaires, ne savaient pas la musique, ou ne la savaient
pas assez pour être en état de transcrire l'air d'après un chanteur. Ils ont
créé alors un titre, celui de *littérature populaire*, mais aucun d'entre eux n'a pu
nous transcrire les règles de cette littérature. Ils en auraient été bien empê-
chés, ce genre de littérature n'ayant même pas d'orthographe. Quelqu'un a-t-il
pu affirmer que la chanson populaire avait, comme la poésie, des vers d'une
longueur déterminée, des césures, des élisions qui en font le charme ? Il est vrai
que le peuple a inventé des élisions de sa façon :

Malbrough s'en va-t-en guerre,

et avec ces élisions on se moque des *hiatus*. Quant à la longueur des vers, lé
peuple en mettra de quinze pieds s'il le faut, et à propos de la rime, exigera-
t-on la concordance des trois dernières lettres ? La rime de la chanson du
peuple est ordinairement une simple *assonance*, c'est-à-dire une sonorité plus
ou moins semblable à celle du vers avec lequel elle doit rimer, se jouant autour
de la voyelle, avec des variantes infinies, encore cette voyelle correspondante
ne s'y trouve-t-elle pas toujours, bref une rime aussi vague que son orthographe.

La chanson populaire est entièrement libre dans ses allures : elle vagabonde comme un enfant, elle est niaise, spirituelle, triste, gaie, tout cela à la fois ; et malgré ses incohérences, elle forme un ensemble, un tout. Pourquoi et comment ? Parce que là où la pensée et l'expression faillissent, le tour ingénu, original de l'air vient les soutenir, et quand l'air a ses défaillances, ses vulgarités, les paroles à leur tour lui prêtent leur appui par leur grâce et leur naïveté : c'est l'aveugle et le paralytique en une seule et même créature, se confondant, s'harmonisant en un tout homogène.

Une chanson populaire sans l'air est boiteuse, une chanson populaire sans les paroles est aveugle.

Tout le monde connaît :

> Si le roi m'avait donné
> Paris sa grand'ville, etc.

Cela n'a-t-il pas de la grâce comme expression, et la pensée n'en est-elle pas charmante ? Comme pièce archéologique, c'est incontestablement très joli à lire ; mais écoutez-la chanter, et voyez tous ceux qui vous entourent, suivre le rythme de la tête aux pieds, comme si un fil électrique les faisait mouvoir ; leur physionomie, attentive jusque-là, s'anime comme d'un rayon de soleil. Le chanteur a commencé l'air tout seul, mais l'auditoire le finit avec lui, et cela sans chef d'attaque : auriez-vous obtenu cette impression à la simple lecture des paroles ? Un vieux proverbe français nous dit : « C'est l'air qui fait la chanson », et cela a été imprimé il y a trois cent cinquante ans. Noël du Fail, sieur de la Hérissaye, dans ses *Contes d'Eutrapel*, 1549, s'exprime ainsi : « Quand la voix et le mot sont, par entrelacures, petites pauses et intervalles rompus, joints avec le nerf et corde de l'instrument, la force de la parole et sa grâce y demeurant prinses et engluées, sans espérance de les pouvoir séparer, pour demeurer un vrai ravissement d'esprit, soit à joie, soit à pitié. La musique et chansons ont cela propre et naturel, de transmuer et faire passer en elles nos conceptions et volontés. Le nocher rame plus mesurément et à force mieux compassée, quand le maniement du corps s'allonge ou se raccourcit à la mesure et note de la chanson. »

La première impulsion sérieuse donnée en France à la chanson populaire date de 1852, sous le ministère de M. Duruy, qui, par un décret du 13 septembre, institua un comité spécial, avec mission de recueillir les chansons populaires de la France. Ce comité envoya aux préfets, aux maires et aux maîtres d'école des communes de France, ses instructions spéciales, rédigées par la main habile de M. Ampère. On y dit que « la *poésie chantée* doit former le fond de la collection, et y tenir la plus grande place ».

La plupart des instructions sont d'une lucidité parfaite, c'est un vrai petit chef-d'œuvre, sorti de la plume de M. Ampère. Cependant il y a cette énormité : « Il n'est point aujourd'hui de ville et même de village où quelques habitants ne soient suffisamment instruits pour pouvoir écrire à la dictée, c'est-à-dire à l'audition, une phrase mélodique simple, comme le sont nécessairement les airs de tous les chants qui ont acquis les honneurs de la popularité. »

Pour compléter cela, le savant académicien prévient les nombreux savants de France (non de l'Académie), éparpillés dans les villages et les hameaux, que *l'air populaire finit quelquefois par la dominante, et que la note sensible est absente.*

Allez et marchez.

Il y a même deux airs à l'appui de ces sages conseils, tous les deux mal notés.

Hélas ! il faut bien l'avouer, M. Ampère, mal conseillé, ne se doutait même pas de la difficulté qu'il y a à noter la plupart des airs populaires. Parmi les preuves, on peut citer les notations monstrueuses parvenues au comité : encore sur dix mille chansons, n'y en avait-il qu'une quarantaine de notées.

Le Comité a hésité devant ce fatras informe, puis il a fini par décliner ses fonctions, déclarant que le gouvernement ne pouvait pas publier cela sous son nom.

Bien des années plus tard (on ne se souvenait plus guère de tout cela), j'eus l'idée de demander ces cartons pour la Bibliothèque du Conservatoire de musique. M. le Ministre de l'Instruction publique, alors M. Jules Ferry, répondit favorablement à ma demande.

Hélas ! il apprit seulement après sa réponse (comme moi d'ailleurs) que ces cartons avaient été envoyés depuis plusieurs années à la Bibliothèque nationale.

Je crois que le comité avait agi sagement, car un recueil fait sur de pareils documents eût certainement laissé beaucoup à désirer.

Noter les airs populaires n'est pas si aisé que M. Ampère se l'imaginait. Le peuple a des rythmes à lui, en dehors de la mesure musicale ; ce n'est ni à deux, ni à trois, ni à quatre temps, c'est tout cela mélangé, avec une fantaisie, un laisser-aller des plus complets.

Ce qu'il y a de désespérant dans la notation des airs populaires, c'est que souvent le chanteur ou la chanteuse d'après lesquels on transcrit, varient leur diction à chaque fois qu'on les fait répéter ; ils ont dans ces moments-là l'air de véritables rhapsodes improvisant sur un thème donné. La même chanson chantée par une autre personne donne lieu à des déviations plus sensibles encore. C'est seulement après l'audition de la même chanson d'après des personnes différentes que le musicien peut commencer son travail, qui consiste à deviner d'après ces différentes versions quel doit être l'air primitif, l'air typique. On arrive, avec une certaine habitude, à tirer au clair, à reconstituer et à reproduire fidèlement ces airs.

Une question très controversée, sur laquelle on n'est pas encore d'accord (et on ne le sera jamais), c'est celle de savoir comment les chansons populaires se composent, comment elles naissent ?

Il semble difficile de tracer une formule unique pour le genre de créations, par la raison toute simple que la chanson populaire ne se fait pas toujours de la même façon. Quelquefois c'est le produit spontané d'un homme du peuple, bien doué, à qui l'inspiration est venue.

Sa création est reprise en sous-œuvre par ses premiers auditeurs ; cette chanson, on la remanie, on la lime, on se la chante, avec des corrections, elle se répand (sans le secours d'aucun journaliste). Un autre poète de la nature y ajoute un ou plusieurs couplets, qui sont scrutés, admis ou rejetés par ce bon sens populaire, qui n'accepte que ce qui parle à ses aspirations, à ses sympathies, mais qui ne regardera pas trop à un vers de treize ou de quatorze pieds.

On comprend que tous les genres de chansons ne s'élaborent point de la même façon, ne sortent pas du même laboratoire. La chanson satirique peut s'inventer au village ; mais la chanson militaire, par exemple, est le plus souvent née au régiment, que ce soit au corps de garde ou durant la marche d'une étape à l'autre : un loustic improvise un couplet, ou même seulement deux versiculets, un autre lui donne la réplique, et c'est de cette façon qu'ont dù être fabriqués Malbrough et tant d'autres chansons.

On conçoit sans peine que *do do, l'enfant do*, ne sort pas de la même officine. Je n'ai garde d'oublier une série de chansonniers ayant fourni une suite de chefs-d'œuvre.

C'étaient des poètes, comme Florian, l'abbé Lattaignant, Mangenot, de Ségur, Collé, Debreaux, Désaugiers, Béranger, Nadaud, etc. etc. etc. Mais quels sont les auteurs de *Nous n'irons plus au bois, le Roi de Sardaigne, Biron, Au clair de la lune, Biquette et le loup, Compère Guillery, le Comte Orry, Giroflé girofla, Il court il court le furet, Il était une bergère, la Mère Michel*, et toute une série de petites merveilles de sentiment, de grâce et de naïveté ?

Les chansons faites par le peuple empruntent toujours quelque chose, comme paroles et comme airs, à d'autres chansons déjà connues. Il y a des tournures de phrases et des formes mélodiques qui se représentent à chaque instant, le peuple les connaît, il les préfère à toute autre. Il y a surtout cette éternelle *triade* qui manque rarement de faire son apparition : ce sont trois chevaux, trois capitaines, trois fillettes, trois galants, etc ; sans oublier les trois enfants, les trois chiens, les trois chats de Jean de Nivelle.

La *triade* était déjà populaire dans l'antiquité, de même que le chiffre 7. Boulanger a longuement disserté là-dessus (1).

Les compositeurs de musique, les théoriciens ne se servaient que du rythme ternaire jusque vers les premières années du xive siècle, même plus tard ; mais le peuple ne se souciait en aucune façon de ces prétentions savantes. Le rythme ternaire avait été baptisé du nom de *mesure parfaite*, parce que le chiffre 3 renferme aussi le chiffre 2, tandis que la mesure *binaire* s'appelait *mesure imparfaite*, ne renfermant qu'un seul rythme.

La *note sensible*, dans le plain-chant comme dans la chanson populaire, a souvent été controversée. Fétis, dans diverses communications à *l'Académie royale des sciences, lettres et beaux-arts de Bruxelles*, a soutenu que la *note sensible*, c'est-à-dire le *demi-ton* ascendant qui précède la note finale, était la vraie terminaison dans le plain-chant dès le moyen âge : « Recherchant la cause primitive de l'incertitude qui s'est perpétuée à cet égard, j'ai acquis la conviction qu'elle s'est trouvée dans les notations imparfaites et incomplètes qui furent en usage dans le moyen âge, et que nous retrouvons dans les missels, antiphonaires, gra-

____

(1) *L'antiquité dévoilée par ses usages*. Amsterdam, pages 261 et 276.

duels, tonaires, hymnaires et bréviaires notés les plus anciens, lesquels sont parvenus jusqu'à nous. »

Cette opinion n'a point prévalu... Parmi divers écrits sur cette question, je mentionnerai une brochure de M. Auguste Le Jolis (1), dans laquelle l'auteur n'est pas de l'avis de M. Fétis, et soutient le contraire d'une façon très claire et très concluante.

Les tons mineurs ont toujours joui d'une certaine faveur parmi le peuple; cette tonalité triste, mélancolique, se rencontre très fréquemment en Bretagne et dans quelques provinces environnantes. Il n'en est pas de même dans les pays du soleil, ni dans les grandes villes, où règne une surabondance de vie, de mouvement ou de gaieté, et où l'on n'a pas le temps d'être triste. Il va sans dire que les chansons du pavé de Paris ne respirent pas la mélancolie. Actuellement le peuple de Paris ramasse son répertoire dans les cafés-concerts, qui ont tué l'ancienne chanson populaire : dans cinquante ans elle ne sera plus qu'une curiosité archéologique. A propos des tonalités mineures, le savant Chrysander va plus loin que moi (2), il dit que les mélodies populaires ont généralement un penchant marqué pour le mineur, de quelque pays qu'elles viennent. En examinant les plus anciennes notations, on voit apparaître d'abord le *mode éolien* (*la mineur*). Le système grégorien commence par le mode de *la mineur* (sans *sol* ♯), parce qu'on le regardait comme le plus grave; cette gamme n'en est pas moins en mineur pour cela. Le *mode dorien* (*ré mineur*, sans *ut* ♯) est le premier ton d'église. »

Chrysander dit encore que la tonalité mineure ne se trouve pas dans les chants bruyants des premiers peuples victorieux, mais bien dans ces douces cantilènes de pauvres chrétiens allant au martyre.

On ne peut refuser à la chanson sortie du peuple un grain d'originalité, cela s'y trouve plus souvent que la distinction ou la correction ; voici là-dessus l'appréciation du père Castel (3) : « Le peuple ne goûte qu'une musique populaire et triviale ; car dans ce peuple dont il s'agit, je pourrais encore distinguer des classes de villageois et d'habitants des villes, de provincial et de parisien, d'artisan et de bourgeois, de peuple peuple et non peuple, et prouver que la musique que chacun goûte est proportionnée au degré de connaissances de son état ou de son éducation, sauf les petites exceptions que des goûts particuliers, des génies rares, des hasards heureux ou malheureux peuvent y apporter. »

De quelque façon qu'on apprécie la chanson populaire, on ne peut lui enlever sa place et même son importance dans l'histoire de la musique. Cette dernière était plus particulièrement une musique spéculative jusqu'au commencement du dix-septième siècle. On l'étudiait, on l'enseignait comme science, et non comme art. Les doctrines grecques et les tonalités de l'église étaient jusque-là les fondements, les bases de toute théorie musicale. Il n'y avait de véritable sentiment de la phrase musicale que dans la chanson populaire. Les savants qui enseignaient la musique, et qui étaient censés la pratiquer, s'aperçurent bien qu'il

(1) *De la tonalité du plain-chant comparée à la tonalité des chants populaires*, etc., Paris, 1859.
(2) *Ueber die Moll-Tonart in den Volksgesängen*, etc. Schwerin, 1853. Sur les tons mineurs dans les chants populaires.
(3) *Esprit, saillies et singularités du P. Castel*, 1763.

y avait dans ces cantilènes du peuple quelque chose qui n'existait nullement dans la musique des musiciens ; ils voulurent s'approprier ce côté de l'art qui leur échappait. A la fin du quinzième siècle, mais surtout au seizième, on vit éclore de nombreuses chansons populaires, harmonisées ou plutôt contrepointées à quatre et à cinq voix. Toutefois la force de l'habitude était si grande chez la plupart des compositeurs d'alors, qu'ils ne regardèrent la chanson populaire que comme un plain-chant à harmoniser en imitation, ne se gênant pas de la couper, de la désarticuler, selon les besoins de leurs imitations, et ne se doutant nullement qu'il y avait là, non seulement une mélodie, un rythme, un pressentiment harmonique (qu'ils ne comprenaient pas encore), mais un sentiment expressif qui leur était totalement inconnu.

Je ne puis mieux terminer ces quelques observations sur la chanson populaire, qu'en citant les lignes suivantes de Fétis (1) :

« Le chant populaire est l'histoire vivante de la musique primitive sur toute la surface de la terre ; il semble n'avoir eu d'autre auteur que les peuples eux-mêmes. Il n'a rien d'individuel, car il émane d'un sentiment commun, il est l'accent de la voix de tous, enfin il est le fruit de l'invention collective. Chez toutes les nations, dans l'Inde comme à la Chine, chez les populations arabes, dans la Grèce, en Italie, chez les peuples germaniques et celtiques, le chant populaire, dont le chant religieux n'est qu'une forme, est en quelque sorte l'histoire raditionnelle. Mélancolique ou joyeux, naïf ou passionné, il nous instruit de la situation politique et morale des hommes chez lesquels il a pris naissance ; il est toujours le produit d'une idée générale, d'un sentiment unanime, ou de certaines croyances, qu'il transmet d'âge en âge.

« Les progrès de la civilisation modifient les instincts populaires et en altèrent l'originalité. Par degré, les facultés de production spontanée de poésie et de chant s'affaiblissent dans les masses : ce moment est celui où les génies individuels commencent à se révéler. »

(1) *Biographie universelle des musiciens.* Paris, 1860. — Préface, page II.

TABLE

DU SECOND VOLUME

CHAPITRE CINQUIÈME

Chansons d'Amour

CHAPITRE SIXIÈME

Chansons satiriques, burlesques et grivoises

CHAPITRE SEPTIÈME

Chansons à boire — Chansons de soldats — Chansons de marins

CHAPITRE HUITIÈME

Chansons d'enfants. — Rondes et chansons à danser.

CHAPITRE NEUVIÈME

Chansons de mœurs et coutumes

CHAPITRE DIXIÈME

Les Romances célèbres

TABLE GÉNÉRALE

ALPHABÉTIQUE ET ANALYTIQUE

INTRODUCTION

CHANSONS

M

N

O

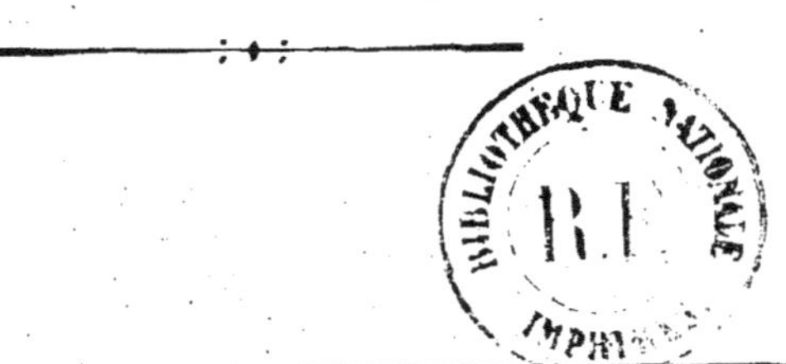